迦羅羅法話集 8

「いのち」不思議

今、ここを生きる

藤田徹文

探究社

はじめに

藤田徹文

「迦羅羅塾」と、若手僧侶中心の勉強会に名づけたのは、平成元年（一九八九）でした。

聖典勉強会がはじまったのはそれより三年半前であります。

はじめは本願寺派の安芸教区・備後教区の若手僧侶十名程が月一回、私の自坊（三原市光徳寺）に集まり、当番の発表と議論中心の集まりでした。

会の継続を考えるとき、何か形として足跡を残すことも必要であろうと、誰でもがわかる「法語カレンダー」と、自分たちの勉強も兼ねて『カレンダー法話集』を出そうということになりました。そして、広島の「光英社」にお願いしました。

聖典勉強会だけなら、出席者が次回の日を決め、欠席者に連絡するだけで済んだのですが、「カレンダー」・『法話集』を出すとなると聖典勉強会だけでは不充分で、名称がいるということになり、私が「迦羅羅塾」の名を提案しました。

だから、「迦羅羅塾」の名で「カレンダー」・『法話集』を出して、今年は二十七年目になります。聖典研究会をはじめて三十年です。

六月十九日には、広島別院で「三十周年記念の集い」も行いました。

実は、『迦羅羅法話集』は、「カレンダー法話集」を出して十五年目に、各自の法話を一冊の本に出して、より広く多くの人に仏縁の一助となり、また著者のこれからの足跡となり礎になればと、京都の「探究社」にお願いして出版しました。

第一冊目は拙著『聞光力』です。以後一年一冊のペースで出版してきましたが、数年前から一時休止ということになっています。

この度は「迦羅羅塾」三十周年を記念して「『迦羅羅法話集』を復活させることになり、最年長の私が『「いのち」不思議』を出させていただくことになりました。

続いて若い塾生の人が年一冊のペースで出してくれるので、私は安心して後を任すだけです。なお、「迦羅羅塾」は、親鸞聖人の『教行信証』に引用された『涅槃経』の、

迦羅羅虫（黒虫と呼ばれる虫の名）のかならず母の腹を壊りて、しかして後、いまし生ずるがごとし。

から頂いた「塾名」です。

その思いは、私たちは親鸞聖人を開祖として元仁元年（一二二四）に開宗され八〇〇年余の歴史をもつ本願寺教団（西）の腹中で育てられ、そこに安住しがちです。

この温かい腹中から一歩でも二歩でも出て、お育ていただいた親鸞聖人のみ教えを、より広い世界の、より多くの人と分かち合い、この世の戦争や差別のない「御同朋の社会」を実現したいという心意気で名告った「塾名」です。

無力な「塾」ではありますが、その思いをお汲みいただき、一層のお育てをお願い致します。

合掌

目次

第一部

法語と領解

「いのち」自在たれ
青は青く光れ

●2003年●

「いのち」のうしろに

今、ここに、私は生きています。そのことを当たり前のこととして、そこに何の驚《おどろ》きも、何の感慨《かんがい》ももつことなく、日々《ひび》、目《め》の前《まえ》の事柄《ことがら》を消化《しょうか》しながら過《す》ごしています。

今、ここに、私が生きていることは、本当に当然《とうぜん》のことでしょうか。私にあたえられた今、それは、一瞬《いっしゅん》の今であっても、その、今の後《うし》ろには、悠久《ゆうきゅう》の歴史《れきし》があるのです。

私が、この世に誕生《たんじょう》しなかったら、私に、今という時はないのです。私が、この世に誕生《たんじょう》するためには、父母《ふぼ》がいなければなりません。父母が、この世に誕生《たんじょう》してくださったから、私に、今があるのです。いやご先祖《せんぞ》がいてくださったから、私の今があるのです。

私たち人間のご先祖《せんぞ》は、今から五百万年前《ひゃくまんねんまえ》とも六百万年前《ひゃくまんねんまえ》ともいわれていますが、アフリカで姿《すがた》をあらわしたそうです。

この地球上《ちきゅうじょう》の「いのち」は、三十六億年《おくねん》から四十億年前に、海中《かいちゅう》で誕生《たんじょう》したそうです。太陽系《たいようけい》が誕生《たんじょう》し、地球《ちきゅう》が生《う》まれたのが、四十六億年前です。宇宙《うちゅう》ができたのが百九十億年前。それから銀河系宇宙《ぎんがけいうちゅう》ができ、太陽系《たいようけい》、そして地球《ちきゅう》が誕生《たんじょう》し、地球に「いのち」が生まれ、人間の先祖《せんぞ》が誕生《たんじょう》して、私に、今があるのです。今の私の背景に、悠久《ゆうきゅう》の時間《じかん》があるのです。

現在《げんざい》、人間《にんげん》が確認《かくにん》している時間は、百九十億年ですが、本当はもっと前があるはずです。仏教では、そのことを「久遠《くおん》の昔《むかし》から」「昿劫《こうごう》より」「無始《むし》よりこのかた」といいます。文字通《もじどお》り、「無量寿《むりょうじゅ》」の「いのち」の歴史《れきし》があるのです。

また、私の居《い》る「ここ」は、他《ほか》と断絶《だんぜつ》した、局限《きょくげん》された小さな場ではないのです。「ここ」は、地球《ちきゅう》の真中《まんなか》です。いや、太陽系《たいようけい》の真中です。いやいや、大きな大きな銀河系《ぎんがけい》の中にあたえられた「ここ」なのです。

昨年《さくねん》、たまたまテレビで、木星《もくせい》が、私たちが地球で生きる上で大きな役割《やくわり》を果《は》たしているということを教《おし》えられました。

地球に大きな惑星が衝突《しょうとつ》するのを、木星《もくせい》が防《ふせ》いでくれているというのです。木星がなければ、いつ大きな惑星が地球に衝突《しょうとつ》し、地球は消滅《しょうめつ》するかもしれないということです。

地球が消滅すれば「ここ」はなくなります。私の「いのち」と、何の関係もないと思っている多くの星に護《まも》られて「ここ」は成立《せいりつ》しているのです。

私の「ここ」は、銀河系《ぎんがけい》を超《こ》え、広大《こうだい》な、辺際《へんさい》のない、虚空《こくう》のような広《ひろ》い広い世界の、あらゆるものに支《ささ》えられて存在《そんざい》しているのです。

私の「ここ」を照《て》らし、「ここ」に、熱《ねつ》をあたえてくださるものを光《ひかり》というならば、私の「ここ」は計《はか》りしれない光のなかなのです。文字通《もじどお》り「無量光《むりょうこう》」のなかで、私は生かされているのです。

「無量光《むりょうこう》」「無量寿《むりょうじゅ》」、「光と寿命のきわみなき〈いのち〉」の真中《まんなか》で、生かされて生きているのが、今、「ここ」にあるわが「いのち」です。

「光と寿命のきわみなき〈いのち〉」を、私は「阿弥陀《あみだ》さま」といただいています。

親鸞《しんらん》さまがおつくりくださった『正信偈《しょうしんげ》』の意訳《いやく》『しんじんのうた』の冒頭《ぼうとう》に、「ひかりといのちきわみなき　阿弥陀《あみだ》ほとけを仰《あお》がなん」とありますが、浄土真《じょうどしん》宗《しゅう》のみ教《おし》えに生きた先人《せんじん》は、「いのち」の背景にある「ひかりといのちきわみなき阿弥陀ほとけ」に、頭を下げて朝を迎え、一日を始めたのです。

自在《じざい》に生《い》きる

「ひかりといのちきわみなき」阿弥陀さまの広い広い「いのち」の世界《せかい》の真中《まんなか》で、無数《むすう》の「いのち」に照《て》らされ、あたためられている「いのち」が私《わたし》なのです。その私が、小さな小さな「自我《じが》」の「計らい」の壁で、自《みずか》らを縛《しば》り、また、周《まわ》りの人の目に縛《しば》られ、俗信《ぞくしん》・迷信《めいしん》・魑魅魍魎《ちみもうりょう》に掴《つか》まり、振《ふ》り回《まわ》され、自分《じぶん》を見失《みうしな》って生きるほど、悲しいことはありません。

これらの束縛《そくばく》を脱《だっ》して、自《みずか》らの「いのち」の自由《じゆう》・自主《じしゅ》・自立《じりつ》を回復《かいふく》することが自在《じざい》ということです。

東京大学の名誉教授《めいよきょうじゅ》であった鎌田茂雄氏《かまたしげおし》は『仏陀《ぶっだ》の観《み》たもの』という本の中で、

いかなる宗派《しゅうは》であろうと仏教が一貫《いっかん》して目指《めざ》した根本目的《こんぽんもくてき》は解脱《げだつ》」であるとあかし、さらに、「解脱《げだつ》とは自分を縛《しば》っているものから解《と》き放《はな》たれることです。われわれはあらゆるものに雁字搦《がんじがら》めに縛《しば》られてまったく身動《みうご》きすることができない。

縛《しば》るものは何か。地位《ちい》であり、名誉《めいよ》であり、（中略《ちゅうりゃく》）酒《さけ》であり、ありとあらゆる欲望《よくぼう》の対象《たいしょう》はすべてわれわれを縛《しば》るのだ。この束縛《そくばく》から脱《だっ》した状態《じょうたい》を涅《ね》槃寂静《はんじゃくじょう》というのであり、そこに到達《とうたつ》することこそ仏教の最高目的である。

と述《の》べ、「自由《じゆう》、自主《じしゅ》、自立《じりつ》の生《い》きざまとなった時こそ、涅槃寂静《ねはんじゃくじょう》にほかならぬ」と言われます。自在《じざい》に生きるとは、自由、自主、自立の生きざまを回復《かいふく》することです。

阿弥陀さまのご本願《ほんがん》は、すべての人に「世自在王仏《せじざいおうぶつ》」のような「いのち」のあり方を実現《じつげん》させてやりたいというところから出発《しゅっぱつ》しています。

「世自在王仏《せじざいおうぶつ》」とは、「どのような世の中にあっても、世の中に流されることなく、すべての束縛《そくばく》を脱《だっ》して、自由、自主、自立、すなわち自在《じざい》に生きられた代表《だいひょう》者《しゃ》のような仏さま」です。

阿弥陀さまは、どのようにして、「世自在王仏《せじざいおうぶつ》」のようなあり方を、すべての「いのち」のうえに実現《じつげん》させることができるかと、長い間（五劫）考えに考えぬいた上で、「念仏申す《ねんぶつもう》」という「このことひとつ」において実現《じつげん》する道をあかしてくださったのです。

「念仏申す」とは、「ひかりといのちきわみなき阿弥陀ほとけ」のよび声を聞くということです。

小さな小さな「自我《じが》」のはからいに縛《しば》られている私に、「ひかりといのちきわみなき」阿弥陀さまの広《ひろ》い「いのち」の世界に帰れのよび声が「ナモアミダブツ」です。

「ナモアミダブツ」が聞こえたら、すべての「いのち」は、あらゆる束縛《そくばく》を脱《だっ》して、自在《じざい》に生きる人生《じんせい》が実現《じつげん》するのです。

「いのち」自在《じざい》たれ、それが「ナモアミダブツ」のよび声です。

青色青光《しょうしきしょうこう》の「いのち」

自由《じゆう》、自主《じしゅ》、自立《じりつ》の生きざま、すなわち自在とは、『阿弥陀経』に説かれる「青色青光《しょうしきしょうこう》、黄色黄光《おうしきおうこう》、赤色赤光《しゃくしきしゃくこう》、白色白光《びゃくしきびゃっこう》」というあり方です。それぞれが、それぞれのもち味を精一杯光り輝《せいいっぱいひか》かせているあり方が自在《じざい》です。

金子みすゞさんの「わたしと小鳥とすずと」という詩《し》があります。

わたしが両手《りょうて》をひろげても
お空はちっとも飛べないが、
飛べる小鳥はわたしのように
地べたをはやくは走れない
わたしがからだをゆすっても
きれいな音はでないけど
あの鳴るすずはわたしのように
たくさんうたは知らないよ
すずと、小鳥と、それからわたし
　みんなちがって　みんないい

みんなちがって、みんないい、青色青光《しょうしきしょうこう》の「いのち」です。

どこにいても
この「いのち」
み光の中

●2004年●

身と「いのち」の場所

小さな子どもを、見ているだけで、疲《つか》れを覚《おぼ》える年齢《ねんれい》になりました。一時《ひととき》もじっとすることなく、実によく動きます。

私にもあのような時があったのです。あの頃はなんにもわからず動き回《まわ》っていたのですが、今は、わかります。

どれほど動き回っても、子どもは、親の目のとどく中にいるのです。

そのことを、子どもは全く気づいていませんが、親は、決して子どもから目を離すことなく、見護《みまも》りつづけているのです。

私もそのような親の目の中で育てられて、今日があるのだと、今ごろになって、なんとなく気づいているのです。

では、今の私は、どうなのでしょうか。子どものように動き回るということはなくなりましたが、毎日のように西に東にと、新幹線《しんかんせん》を利用《りよう》し、飛行機《ひこうき》の世話《せわ》になり、車を運転《うんてん》して移動《いどう》しています。

そんな私の身を見護《みまも》ってくれる親の目はなくなりましたが、「ひかりといのちきわみなき」阿弥陀さまの目に、見護《みまも》られて生きています。そのことが、お念仏申すことによって知らされるのです。

「南無阿弥陀仏、南無阿弥陀仏」と、ひとりお念仏《ねんぶつ》するとき、阿弥陀さまのあたたかい声《こえ》が聞《き》こえてくるのです。

「いつも、あなたを確《しか》と見護《みまも》っています。いただいた『いのち』を大切に生きなさい」というあたたかい声が聞こえてくるのです。

わが身が、どこに動こうと、わが「いのち」は、常に阿弥陀さまの目の中です。

阿弥陀さまの目のあたたかさは、阿弥陀さまのあたたかい心から輝き出るのです。それは、すべての「いのち」を摂取《せっしゅ》して捨《す》てることのない光のせいだと思います。

親鸞《しんらん》さまは、そのことを『正信偈《しょうしんげ》』に、「摂取《せっしゅ》の心光《しんこう》　つねに照護《しょうご》したまふ」とよろこばれました。

私もいつのころからか、お念仏《ねんぶつ》すると、阿弥陀さまのあたたかい光を、この身に感じるようになりました。どこにいても、この「いのち」、み光の中なのです。これも、ひとえに阿弥陀さまのお育てのたまものです。

お念仏をだれよりもよろこんだ源左《げんざ》さんが、しな女《め》という人の娘さんを、自分の息子さんの嫁《よめ》に迎《むか》えたいと、雨や雪の降る中をさいさい通われたときの話です。

「お爺《じい》さん、すまんなあ。この雪の降るのになあ、炬燵《こたつ》にでもあたっていな」

「なしたことをお上《かみ》さん、往来歩《おうらいある》いても、お慈悲《じひ》を思はせてもらやあぬくいでなあ。炬燵《こたつ》にあたっとりゃ、前ばっかりがぬくいこたあないけなあ」

（『妙好人因幡《みょうこうにんいなば》の源左《げんざ》』）

という話です。源左《げんざ》さんは、間違いなく、どこにいても、阿弥陀さまのあたたかいみ光の中を生きた人でありました。

阿弥陀さまのみ光

阿弥陀さまのみ光のとどかない世界はないのです。だから、この「いのち」、どこにいても、み光の中なのです、

阿弥陀さまのみ光の中を生きるとは、どういうことでしょうか。

『無量寿経《むりょうじゅきょう》』に、

この光《ひかり》に遇《もうあ》ふものは、三垢消滅《さんくしょうめつ》し、身意柔軟《しんいにゅうなん》なり。歓喜踊躍《かんぎゆやく》して善心生《ぜんしんしょう》ず。

と、説かれています。三垢《さんく》とは、貪欲《とんよく》・瞋恚《しんに》・愚痴《ぐち》の三毒の煩悩《ぼんのう》です。阿弥陀さまのみ光に遇《あ》えば、私たちの「いのち」をダメにする三毒《さんどく》にたとえられる煩悩《ぼんのう》が消滅《しょうめつ》すると説かれるのです。

私たちの心身《しんしん》を煩《まど》わせ悩《なや》ませる煩悩《ぼんのう》が消えてなくなれば一番いいのですが、ここは、煩悩《ぼんのう》に「執着《しゅうちゃく》する心」が消滅《しょうめつ》するといただくのが本当でしょう。み光に遇うことによって、自分の貪《むさぼ》りの心を正当化《せいとうか》して、貪るのが「当《あ》たり前」と居直《いなお》っていた心が消えるのです。同じように自分の瞋《いかり》の心を「是《ぜ》」として胡座《あぐら》をかいていた心が滅《めつ》するのです。

み光に遇《あ》って、自分のありのままの姿を知らされたら、恥《は》ずかしくて、煩悩《ぼんのう》に居直《いなお》り、胡座《あぐら》がかけなくなるのです。そのことを「三垢消滅《さんくしょうめつ》」と説かれるのです。また、み光に遇うことによって、身も意《こころ》も柔《やわ》らかくなるのです。

私たちは、年齢《ねんれい》と共に身体だけでなく、意《こころ》もかたくなります。「まだまだ若い者には負けん」・「あんなものに馬鹿《ばか》にされるものか」と、肩に力が入り、また、「なぜ自分一人が苦労《くろう》し難儀《なんぎ》して」と、知らず知らずに意《こころ》は頑《かたく》なになっていきます。

そんな私たちが、「どんな時でも、私（阿弥陀仏）が見護《みまも》っています。決してひとりではありません」というあたたかい阿弥陀さまのみ光《ひかり》に遇《あ》って、「身意柔《しんいにゅう》軟《なん》」にしていただくのです。

さらに、み光に遇って、本当のよろこびをいただき、善心《ぜんしん》を生《しょう》ずるのです。善心とは、「忘己利他《もうこりた》」の心です。

み光の中で、多くの「いのち」に生かされていることを知らされ、自分のことは後にしても、他の「いのち」を大切にしようという心が善心《ぜんしん》です。そんな心が、み光に照らされて生まれてくるのです。

私たちは、このような素晴《すば》らしいみ光《ひかり》の中に生かされていながら、なかなか、そのみ光が受けとれません。どうしたことでしょうか。

親鸞聖人《しんらんしょうにん》は、このことを、

われまたかの摂取《せっしゅ》のなかにあれども、
煩悩《ぼんのう》、眼《まなこ》を障《さ》へて（さえぎられて）見《み》たてまつるにあたはずといへども、
大悲倦《だいひものう》きことなく（見捨《みす》てたもうことなく）して、
つねに我《わ》が身《み》を照《て》らしたまふ

（『正信偈』）

と、讃嘆されます。

私たちが、なかなかみ光を受けとれないのは、煩悩《ぼんのう》に、み光を見《み》る眼《まなこ》がさえぎられているからだ、と教えてくださいました。

しかし、たとえ私の目でみ光を見ることができなくとも、心配《しんぱい》することはないのです。

親鸞聖人は、「無碍《むげ》の光明《こうみょう》、信心《しんじん》の人《ひと》を、つねにてらしたまふとなり」（『尊号真《そんごうしん》像銘文《ぞうめいもん》』）と明《あき》らかにしてくださっています。

日びまっ新の「いのち」を生きる

●2005年●

惰性《だせい》に流される日々

歳《とし》を重ねるにしたがって、驚《おど》きが少なくなりました。幼いころは、何を見ても、何に出会っても、そこに新しい発見があり、驚きがありました。

また、若い頃は好奇心《こうきしん》も旺盛《おうせい》で、何か新しいことはないか、珍しいものはないかと、鵜《う》の目《め》鷹《たか》の目《め》で、一日一日を過ごしていました。

それが五十をすぎた頃から、なにがあっても、どのようなことに出会っても、人生はこんなものと、何の驚きもなく、やり過ごすようになりました。

まるで一日一日を、なんとなく上手に消化しながら、限られた、この世の「いのち」を削《けず》っているような日々です。

驚きも感動《かんどう》もない日々は、あっという間に過ぎていきます。高齢者の人が決まって口にするのは、「日のたつのが早い」ということです。

幼い頃には、指折《ゆびお》り数えて待ったお正月が、年齢《ねんれい》を重ねると、待たなくても、一年があっという間に過ぎ、もうお正月かということになります。

誰かが教えてくれました。一年の長さは年齢によって、その長さの感じ方が変わると。年齢で一年を割《わ》ったのが、高齢者の感じる一年の長さだと。

ですから、六十歳の人は、一歳の赤子《あかご》の六十倍の速さで時が流れているのです。うかうかしておれば、アッという間の一生です。それなのに、その大切《たいせつ》な一日一日を、なんとなく惰性《だせい》で、坂《さか》をころげ落ちるように送っています。

どうしてこんな悲しいことになるのでしょうか。ひょっとすると、死ぬということを忘れて、「この身」は、いつまでも続くと思い違いをしているのでしょうか。それで、大切な一日一日が、惰性《だせい》に流されるのでしょうか。

『バカの壁《かべ》』の著者《ちょしゃ》、養老孟司《ようろうたけし》氏《し》は、仏教者の集まりで、特に僧侶《そうりょ》の方にお願いがあります。それは人は必ず死ぬということを強調《ちょうちょう》してほしいということです。

と話されたそうです。

私たちは、「人は必ず死ぬ」ということを、頭では知っていますが、身体では十分に受けとれていません。

だから、大切な一日一日を惰性《だせい》で流しているのです。

無常の身を生きる

私たちの「この身」は、この世に誕生《たんじょう》した時から一年一年、一月一月、一日一日、いや一刻一刻《いっこくいっこく》、変化しつづけているのです。それは一瞬《いっしゅん》も止まることなく変わりつづけているのです。

けれど、一刻一刻《いっこくいっこく》の変化《へんか》は大きなものではありませんから、自分の変化に気づかず、昨日も、今日も、同じだと思っているのです。いや、一月前も、今日も、同じだと思っているのです。いやいや、一年前も今日も、変わったとは思っていないのです。

いつまでも今の状態《じょうたい》が続くと思っています。一年一年、一月一月、一日一日をおろそかに過ごし、いつの間にか、生きることが惰性《だせい》になっています。

私は、昨年末《さくねんまつ》に親しくしていた二人の先輩を相次《あいつ》いで失いました。その人たちは、いつまでも居てくれることにして、安閑《あんかん》としていました。

一人は、十二月五日に、もう一人は十二月八日に共に急死です。

十二月五日に急死されたのは那須恵斉師《なすけいさいし》です。住職《じゅうしょく》であると同時《どうじ》に画家《がか》として活躍《かつやく》された方で、私の出身の大阪で同じ組内《そない》（数ヶ寺の集団）でした。

二〇〇一年、ニューヨークで起こった九月十一日のテロに先だつこと一ヶ月前に、ご一緒に「仏教伝来《ぶっきょうでんらい》の旅《たび》」ということで、パキスタンから中国に入り、シルクロードを旅しました。

私はその旅行記《りょこうき》を宮崎教区《みやざききょうく》の新聞《しんぶん》である「光暁《こうぎょう》」に連載《れんさい》しています。十回を予定し八回目の原稿《げんこう》を送り、くしくも十二月五日の夜、坊守《ぼうもり》と、十回完結《かんけつ》したら、旅行中《りょこうちゅう》、各地《かくち》をスケッチしておられた那須師の絵とひとつにして、小さな旅行記《りょこうき》にして、共に旅した人たちに見てもらいたいなと話し合いました。

まさか、その時、那須師がこの世を旅立たれたことなど夢にも思っていませんでした。

それから三日後《みっかご》、三十八年の長きにわたりいろいろご指導いただいた大阪高槻《おおさかたかつき》市《し》にある行信教校校長《ぎょうしんきょうこうこうちょう》の利井明弘師《かがいみょうぐし》が急逝《きゅうせい》されるとは、またまた夢にも思いませんでした。

毎年一月に拙寺《せつじ》で、利井師を中心に、お仲間の人たちと、楽しい酒席《しゅせき》を持っていました。

昨年十月末の拙寺報恩講《ほうおんこう》に出講《しゅっこう》いただいた折り、その日取りを相談して、来年は一月十八日にしようと決め、お仲間への連絡を依頼しました。

それでは、「一月十八日に」と別れて、一月少しで二度とこの世でお会いすることができないことになりました。

無常《むじょう》を厳《きび》しく「この身」に教えてくださったお二人の先輩です。一日一日をただ今日までの人生の延長《えんちょう》として、惰性《だせい》で生きてはいけないことを、たった「一つしかない身」を呈《てい》して教えてくださったお二人でした。

まっ新《さら》の「いのち」を生きる

無常《むじょう》であるということは、全《すべ》てのものは時々刻々《じじこくこく》と変化《へんか》しつづけているということで、なにか悪い方にだけ変化するように受け取られがちですが、変化そのものに善悪《ぜんあく》はありません。

変化を善《よ》きこととして生《い》きることが大切だと思います。

一日一日、あわただしく日が過ぎていくというのも現実ですが、一日一日、今までにない「まっ新《さら》な日」を迎《むか》えるというのが事実《じじつ》です。

朝、目が覚《さ》める。今日も、過去《かこ》には一度もなかったまっ新《さら》な、新《あら》たなる日に出会うのです。今日一日という、まっ白な時間にどのような絵を画《えが》き、色をぬっていくのかと思えば、心もはずみます。

私の「いのち」も、昨日までの「いのち」でなく、昨日とは違うまっ新《さら》の「いのち」です。今日というまっ新《さら》な日を生きる「いのち」は、過去《かこ》にも、未来《みらい》にも二度とないのです。

私の人生に二度とこない今朝《けさ》、目を覚ましたまっ新《さら》の「いのち」で、二度とない今日というまっ新《さら》な一日を大切に生きたいものです。

大切《たいせつ》に生きるとは、間違《まちが》いなく阿弥陀さまのお国に着実《ちゃくじつ》に足を進めることです。この身はいつなんどき、なにが起きるかわからない無常《むじょう》の身です。

一日一日、まっ新《さら》の「いのち」として、お浄土への人生を歩ませていただきたいものです。

順風の中で
自己を見失い
逆風の中で
自身に遇う

●2006年●

順風《じゅんぷう》の中で

人生というのは難《むずか》しいものです。自分の思うように人生がすすめばいいかというと、そうでもないようです。

だからといって、思うようにならない人生がいいということでもありません。

どちらかというと、少しぐらい思うようにならない人生の方が、いいのかもしれません。

多くの先人《せんじん》が教えてくれたのは、人生のつまづきは、逆風《ぎゃくふう》の中より、順風《じゅんぷう》の中でおこるということです。

歴史上の人物でいうと、あんなに先見《せんけん》の明《めい》があり、戦略的《せんりゃくてき》に完璧《かんぺき》な人間であった織田信長《おだのぶなが》が、自《みずか》らの忠実《ちゅうじつ》な部下《ぶか》であると思っていた、それも繊細《せんさい》な神経《しんけい》の持ち主である明智光秀《あけちみつひで》におそわれて自刃《じじん》したのは、天下をほとんど掌中《しょうちゅう》に収《おさ》めた順風《じゅんぷう》の中でのことでした。

また、信長《のぶなが》の草履取《ぞうりと》りからはじまって、天下をわがものにした豊臣秀吉《とよとみひでよし》も、信《のぶ》長《なが》の一将校《いちしょうこう》として、主人《あるじ》である信長にあんなに気をつかい、また、同僚《どうりょう》・部下《ぶか》にも、細心《さいしん》の配慮《はいりょ》をしながら生きてきたはずなのに、天下をとった途端《とたん》に、人が変わったような振《ふ》る舞《ま》いをする人間になりました。

秀吉も人生が順風になった中で、つまづいた人間だと思います。

それは、昔だけのことではありません。現代においてもあることです。スーパーダイエーの創設者《そうせつしゃ》、中内功氏《なかうちいさおし》も順風《じゅんぷう》の中でつまづいた一人だと思います。

中内氏が、大阪の千林《せんばやし》に「主婦の店ダイエー」を開店《かいてん》したのは、私が二十代半ばのことでした。流通業界《りゅうつうぎょうかい》だけでなく、ホテルやプロ野球の球団経営《きゅうだんけいえい》をはじめ、どこまで手を拡《ひろ》げられるのかと思うほどの勢《いきお》いでした。

それらを今はすべて失い、ダイエーは他の人の手に渡り、縮小《しゅくしょう》に縮小を重ねながら存続《そんぞく》してきましたが、結局人手に渡りました。

三十年ぐらいの間に日本一の流通《りゅうつう》の主役《しゅやく》におどり出て、あっという間に流通業《りゅうつうぎょう》界《かい》から消えていきました。

中内氏のつまづきも順風の中ではじまったのです。日本中がバブル経済でわきたつ中で起こったのです。

それは中内氏一人のことではありません。多くの経済人がバブルの中でつまづきました。経済界の人たちにとってバブルは順風そのものであったはずです。

なぜ多くの人が順風の中でつまづくのでしょうか。それは、人間というものは、順風の中で、自身を見失いやすい生きものだからです。

自身《わたし》を見失う

人生は本来思うようにならないものです。そのことは、二千五百年前に、すでにお釈迦《しゃか》さまが「人生《じんせい》は苦《く》である」と明言《めいげん》してくださっています。

思うようにならない人生が、思うようになりだすと、どれほど、ものがよく見える賢《かしこ》い人間でも、自分で気づかないうちに浮かれあがって、ものが見えなくなってしまうのです。中でも一番見えなくなるのが、自分自身です。

逆風《ぎゃくふう》の中で、苦労《くろう》している人には、周《まわ》りの人も色々と気をつかい、あたたかい注意や、言葉をかけてくれます。

順風の中で、大手をふって生きている人に注意してくれる人は少ないのです。

もし、注意してくれても、順風の中にあると、他の人の言葉が謙虚《けんきょ》に聞けなくなるのです。

また、順風の中を生きる多くの人たちは、お上手をいう取り巻きに囲まれ、本当に自身を案じて厳《きび》しい意見を言ってくれる人を遠ざけます。

そして、いつのまにやら「裸《はだか》の王《おう》さま」になり、せっかく築《きず》きあげた自分の人生を、自らが破壊《はかい》するようなことになるのです。

順風の中で、人間は自分でも気づかないうちに自身を見失うのです。

順風の時こそ、人間は謙虚《けんきょ》に人の言葉に耳を傾けなければいけないのです。

順風の時こそ、人生の大きな落とし穴が待っているのです。

逆風《ぎゃくふう》の中に

反対に逆風の中で、人間はいろんなことに気づかされるのです。中でも自分というものを、いやでも問い直さずにはおれなくなります。

本当に私の人生はこれでよかったのか、よくないとすれば、自身のどこに問題があったのか、今の私のどこに問題があって逆風《ぎゃくふう》が吹くのか。

これから先の人生、私はどちらに向かって生きればいいのか、などと自身のことを問い直さずにおれなくなるのが、逆風《ぎゃくふう》であります。

真《しん》に成功《せいこう》した人、本当にすばらしい人生を生きた人は、逆風の中で、自身をごまかさずに見つめた人《ひと》であり、逆風の中で、自身を鍛《きた》えた人であります。

親鸞聖人は、幼くして父母《ふぼ》と別れ、やっと「この人《ひと》となら地獄《じごく》に堕《お》ちても後悔《こうかい》はしない」という法然聖人《ほうねんしょうにん》に遇《あ》い、自《みずか》らの人生の生きる方向を見きわめられたのです。

しかし、教えにいきるよろこびをかみしめるいとまもなく、わずか五年で法然聖人とも引き裂《さ》かれ、自然環境《しぜんかんきょう》の厳《きび》しい越後《えちご》に流罪《るざい》になられたのです。

親鸞聖人は流罪の不当なることを厳《きび》しく指摘《してき》されますが、一方で、流罪という逆風の中で、真に自身を深め、み教えを身にあてて学んでいかれました。

親鸞聖人のみ教えの味《あじ》わいの要所要所《ようしょようしょ》に「海」が出てきます。如来《にょらい》さまのお心を「本願海《ほんがんかい》」とよろこばれ、また私たちのあり方を「群生海《ぐんじょうかい》」といただかれ、この世を「生死《しょうじ》の苦海《くかい》」と受けとめられます。

親鸞聖人がはじめて「海」と出合われたのは越後《えちご》です。親鸞聖人から「海」を抜いたら、その深く重い教えは、かなり浅く軽いものになるでしょう。親鸞聖人の深み、その教えの重みは、逆風の流罪の中で培《つちか》われたものにほかならないのです。

また、本願寺教団を今日のような大教団に育て上げてくださった蓮如上人《れんにょしょうにん》のパワーは、六歳で生母《せいぼ》と生別《せいべつ》してから、四十二歳で継職《けいしょく》されるまでの逆風の中で蓄積《ちくせき》されたものです。

蓮如上人の筆舌《ひつぜつ》に尽《つ》くせないご苦労のありさまが『蓮如上人御一代記聞書《れんにょしょうにんごいちだいききがき》』の中に度々出てきます。

私たちなら到底《とうてい》耐《た》え難《がた》い逆風にあって、前を向いて生きられる中で身につけられたパワーが、大切なみ教えをやさしくわかりやすい言葉として残してくださったのです。

逆風の中で、自身に遇い、人生は逆風の中で、より素晴らしいものに出遇うチャンスをいただくのです。

「いのち」の温もりに
生かされて
輝く「いのち」

●2007年●

「いのち」とは温《ぬく》もり

はじめに言葉《ことば》の使い方を決めておきたいと思います。といいますのは、「いのち」とひらがなで書くときと、「生命《いのち》」と漢字《かんじ》で書くとき、どのように使い分けをしているかをはっきりしておいた方が、読んでいただく人にとまどいが少ないと思うからです。

仏教では、私たちの「いのち」は、「この身」が、この世に誕生して、はじめて始《はじ》まるのではなく、昔の昔から、私の「いのち」は存在《そんざい》したと説《と》くのです。

いつから私の「いのち」はあったのかといいますと、「久遠劫《くおんごう》より」とか、「曠《こう》劫《ごう》より」とか、「無始《むし》よりこのかた」といわれています。どちらにしても、私たちの思いが到底及《とうていおよ》ばないほどの昔からということです。

また、どこにあり、どんな姿《すがた》をしていたのかと問われても、全く記憶《きおく》にありませんし、わかりません。

しかし、どんなあり方《かた》をしていたかは、今の私のあり方を本当に知れば、今と、あまり変わらないあり方をしていたに違いありません。

いつ始まったか、どこに居たか、どんな姿をしていたかがわからないのに、どうしてこの身が、この世に生まれる前から、私の「いのち」があったと言えるのは、今、ここに「この身」があるからです。

私たちは無から湧《わ》きだしたわけではありません。間違《まちが》いなく、私があったからこそ、父母《ふぼ》の縁《えん》をかりて、この世に誕生《たんじょう》したのです。

また、この身がこの世に「誕生した」ということは、いつか必ず「死ぬ」ということです。しかしこの身の死が、私の「いのち」の終わりではありません。私の「いのち」は、因《いん》と縁《えん》にしたがって、今の私にわからないだけで新しい「いのち」として誕生《たんじょう》するのです。

ただ言えることは、「今のあり方」のままで「この身」を終えれば、永遠《えいえん》に「今のあり方」と変わらないままで継続《けいぞく》していくということです。

このように私たちの「いのち」は、「この身」ある間《あいだ》（今生《こんじょう》）だけでなく、「この身」いただくまで（前生《ぜんしょう》）から、「この身《み》」終《お》わったあと（後生《ごしょう》）まで継続《けいぞく》していきます。

前生《せんしょう》・今生《こんじょう》・後生《ごしょう》と継続《けいぞく》する私というときに「いのち」をひらがなで書き、「この身」ある間（今生《こんじょう》）だけに限定《げんてい》するときに「生命《いのち》」と漢字《かんじ》で表記《ひょうき》したいと思います。

まず、「この身」ある間の生命の終りをどう理解《りかい》するのかということは、現代では、脳死《のうし》の問題等《もんだいなど》もあり明確《めいかく》ではありません。

『仏教語辞典《ぶっきょうごじてん》』には、「生命《せいめい》とは個体《こたい》がそなえている生命機能《せいめいきのう》」という説明《せつめい》もありますが、天親菩薩《てんじんぼさつ》の『倶舎論《くしゃろん》』には、「その身《み》に輻《なん》（体温《たいおん》）と識《しき》（感覚《かんかく》）を持続《じぞく》する間《あいだ》」と説かれています。

この天親菩薩《てんじんぼさつ》の説《せつ》をいただいて、私は、生命《いのち》とは「温《ぬく》もり」であると思います。それは、この身ある間だけのことでなく、「いのち」そのものを「温《ぬく》もり」を持つものであるといってもいいと思います。

「温《ぬく》もり」に生かされる「いのち」

私たちが生きていく上で何が一番大切でしょうか。ある人は、なんといってもお金がなければこの世は生きられない、お金が一番大切だと言います。

私はお金も大切《たいせつ》だけれど、私たちが生きていく上でなければならないのは、

「いのち」の「温もり」であると思います。

どうしてそう思うのかといいますと、世界の国々で自殺《じさつ》の多いのは、経済的先《せん》進国《しんこく》と言われるお金持ちの多い国です。

お金が生きる上で一番大切なものなら、お金持ちの多い国の人が多く自殺するのはおかしいと思うのです。

日本も世界で有数《ゆうすう》のお金持ちの国ですが、ご存知《ぞんじ》のように自殺《じさつ》が多い国です。ここ数年の統計《とうけい》を見ますと、交通事故《こうつうじこ》で亡くなる人は一年に八千数百名です。これも決して少ない数字ではありません。しかし、驚《おどろ》くことに自殺者《じさつしゃ》は交通事故《こうつうじこ》の四倍《よんばい》の三万二千名を超《こ》えました。

ヨーロッパの数ヶ国、アメリカ、そしてアジアでは日本が特に自殺《じさつ》が多いのです。どうしてお金持ちの国に自殺が多いのでしょう。

人間はお金を持つにしたがって人間関係が希薄《きはく》になるのです。貧《まず》しい時には、声をかけ合い、助け合って生きてきたのです。それがお金を持つにしたがって、他の人の世話にならなくても、自分一人で生きられるという思いが強くなり、他の人の助けを必要ないと思い違いをするのです。

人生《じんせい》が順調《じゅんちょう》な時は、一人でも生きていけるように思いますが、人生にはいろんなことがあります。問題《もんだい》がおきたとき、本当に力になるのは、「いのち」の温《ぬく》もりです。

家族の温もり、隣人《りんじん》の温もり、もっと大きな、すべての「いのち」をつつんで生かしてくださっている「ひかりといのちきわみなき阿弥陀如来《あみだにょらい》」の温もりがあって、人は、苦しみ、悩みを超えて生きることができるのです。

人間は本当は弱い生きものです。「いのち」の温もりのない世界で、どのような苦難《くなん》にも負けず生きるような強い人はいないのです。

「いのち」輝くとき

どのようなことがあっても、私を見捨《みす》てることのないあたたかい「いのち」の温もりにつつまれて生きる時、人は、自分の「いのち」のありったけを、なんの心配《しんぱい》もなく出しきって生きれるのです。

「いのち」の温もりを感じることのできない世界で、自分を励まし、自分を奮《ふる》い立《た》たせて生きようとしても、一人では生きれません。常《つね》に周《まわ》りを気にし、他と比べて生きるだけで精いっぱいです。

周《まわ》りの人がどんな目をしようが、どんな言葉をあびせようが、そこに、常にわが「いのち」をあたたかい眼差《まなざ》しで見護《みまも》り、常《つね》にわが「いのち」をあたたかくつつんでくださる大きな「いのち」の温もりを感じることができれば、私は私の

「いのち」のありったけを精《せい》いっぱい生きられるのです。

実は、親鸞聖人《しんらんしょうにん》のすすめてくださったお念仏の教えは、「ひかりといのちきわみなき阿弥陀如来《あみだにょらい》」の大きな「いのち」の温もりから届いてくる喚《よ》び声《こえ》を「この身」いっぱいに聞きながら、私は私でしかない「いのち」を輝かせて生きよという教えです。（「喚」は大声でよぶ・よびつける）

どんなことがあっても、私を見捨てることのない大きな「いのち」の温もりの中で、私は私の「いのち」のありったけを輝《かがや》かせて生きるのです。

今・ここ・この身を
生きる以外に
私の生はない

●2008年●

仏さまの教え

スーダラ節《ぶし》で一世《いっせい》を風靡《ふうび》した植木等《うえきひとし》さんが亡《な》くなりました。植木さんは、皆《みな》さんもよくご存知《ぞんじ》だと思いますが、三重県の浄土真宗のお寺のご出身《しゅっしん》です。

お兄さんが亡くなり、一度はお寺を継《つ》ぐ気になられたそうですが、どうしても歌の道を捨てることができず、親《おや》の反対《はんたい》を押《お》し切《き》って東京に出られ、お父さんに「自分は死者《ししゃ》の供養《くよう》をするより、生きた人を楽しませる人生を歩みたい」と言って、ひどく叱《しか》られたそうです。

寺に生まれ、寺に育った植木さんでも、知らず知らずに仏教は、死者を慰《なぐさ》める為《ため》のもののように思っておられたのでしょう。

供養《くよう》とは、仏教本来《ぶっきょうほんらい》の意味《いみ》では、相手《あいて》に対《たい》する敬《うやま》いが基本《きほん》ですから、死者《ししゃ》を慰《なぐさ》めるというような意味で使うのはおかしいのです。

しかし、一般《いっぱん》には死者《ししゃ》を慰《なぐさ》める意味で使われ、多くの人は、死者儀礼《ぎれい》が仏教の中心的役割《やくわり》のように思われています。

お父さんが怒られたのは、その間違《まちが》った受け止め方を問題《もんだい》にされたように思いますし、植木等さん自身も、その間違いに気づき、若いときの自分の間違った仏教の受け止め方を素直《すなお》に告白《こくはく》されたのでしょう。

仏教は、仏縁《ぶつえん》を作ってくださった方として死者を大切にすることはあっても、死者をどうこうする教えではありません。また、死後《しご》より、今を大切にする教えです。

お釈迦さまは、死後《しご》の世界の有無等《うむとう》、死後に関するお尋《たず》ねには、一切答《いっさいこた》えられませんでした。

では、仏教は一体何を問題として説かれた教えでしょうか。それは、今、ここにある「この身」を問題にして説いてくださったものです。

今・ここ・この身

今・ここにある「この身」を抜きにして、仏教の教えはないのです。

ところが、私たちは、今を生きるのではなく、過去《かこ》に縛《しば》られて生きることが多いのです。

過去《かこ》の思い出を懐《なつ》かしむのはいいのですが、今がよくないと、過去の思い出の中に逃《に》げ込《こ》み、また、過去のいやな思い出をいつまでも悔《く》やんで、「あれさえなければ」とグチになります。

また、今が思うようにならないと、未来《みらい》を夢みて、今が疎《おろそ》かになりがちです。

未来《みらい》を夢みることは悪いことではありませんが、今を疎《おろそ》かにして、未来《みらい》の夢に逃げ込むのはどうかと思います。

本当に生きられるのは今しかないのです。

また、昔から「隣《となり》の芝生《しばふ》は青《あお》い」という言葉がありますが、自分のおかれてい

ることより、他所《よそ》がよく見えるものです。私もあんなところに生まれ、あんなところに住めたらと、他所《よそ》を羨《うらや》んでみても、私の生きる場はここなのです。

ここに腰《こし》を据《す》えて生きることのできない人は、どこに行っても、一生腰《いっしょうこし》の落ち着かない人生を送ることになると思います。

ここを本当に生きることのできる人は、どこに行っても生きることができると思います。

また、私たちは、他の人がどうであろうと、「この身」を生きる以外に生きる道はないのです。

他の人と比べて、あの人のように、この人のようにと言ってみても、私は、「この身」を生きる以外にないのです。

どれほど多くの「いのち」がこの世《よ》に存在《そんざい》しようと、「この身」は、二つとない、たった一《ひと》つの身なのです。身長《しんちょう》が同じ、体重《たいじゅう》が同じ人はいても、私と同じ身を持った人は、この世に一人もいないのです。

本当に生きるとは

本当に生きるとは、今・ここ・「この身」を流されないようにしっかりと立ち上がって、天下一品《てんかいっぴん》、オンリーワンの身を輝《かがや》かせて生きることです。

私たちは、自分でも気づかないうちに、「この身」は、流されて転びながら、同じところを、丁度輪《ちょどわ》を転《てん》ずるように転《ころ》んでいます。そのようなあり方を「流転《るてん》輪廻《りんね》」（輪転）といいます。

本当に生きるとは、この「流転輪廻《るてんりんね》」のあり方から出ること、離《はな》れることによって実現《じつげん》するのです。

「流転輪廻《るてんりんね》」する身のあり方を、仏教では「生死」（迷い）といいます。ですから、本当に生きるということは、「生死出離《しょうじしゅつり》」によって実現《じつげん》するのです。

私たちは、何に流されて転んでいるのでしょうか。

強いことを言っていても、いざとなると弱い私たちは、知らず知らずのうちにあらゆるものに流されています。

大別《たいべつ》すると三つになると思います。

一つは、いろんなことを気にし、気にしたものに気をとられ、さらに、そのことで気を病んで、グヂグヂ言いながら無為《むい》に時を過ごすようなあり方です。

他の人の言葉に翻弄《ほんろう》され、「日《ひ》の良《よ》し悪《あ》し」にまで気を使い、なんの根拠《こんきょ》もない迷信《めいしん》、俗信《ぞくしん》に気をとられ、気を病んで生きている人のなんと多いことでしょう。

何があっても気をとられずに、自分の人生をなにものにも流されることのない強い生き方のできる人間なら問題はないのですが、私たちは他の人には強く言えても、自分の身のことになると弱い人間です。

「この身」をしっかり支《ささ》えてくださる「真実《しんじつ》のよりどころ」に遇わない限り、しっかりと立ち上がって、「この身《み》」輝《かがや》かせて生きることはできません。

二つには、自らの所持《しょじ》したものやお金にこだわって、知らず知らずのうちに、それらに引きずられて生きているのが私たちです。これも、わが身を支えてくださる「確《たし》かなよりどころ」があれば脱《だつ》することができるのです。

三つには、自分のわがまま勝手な心に翻弄《ほんろう》され、気づかないうちに流されるのが、私たちです。

お釈迦さまは、「心《こころ》の主《あるじ》となるとも、心《こころ》を主《あるじ》とすることなかれ」と教えてくださいました。自分の心をしっかりコントロールできる人間になれという教えです。確《たし》かにその通りですが、私たちはいざとなると、わがままな心に負け、自分の気ままな心の命《めい》ずるままに流されます。

「確《たし》かなもの」・「間違《まちが》いのないもの」を、「身《み》の主《あるじ》」とするしかありません。「ここに間違《まちが》いのない私《わたし》がいる」とよびかけてくださる喚び声が、私の口から出る「南無阿弥陀仏《なもあみだぶつ》」のお念仏です。

お念仏を主とし、お念仏をよりどころに、流されない生き方、本当に今・ここ・「この身」を生きる生き方があることを教えてくださったのが、親鸞《しんらん》さまなのです。

「いのち」を
大切にするとは
自他の身を
大切にすること

●2009年●

「いのち」とは身《み》

今《いま》では「いのち」を漢字《かんじ》で書《か》くと「命《いのち》」とか「生命《いのち》」と書《か》きます。

私《わたし》が学《まな》んだ仏教《ぶっきょう》の経典《きょうてん》には、そのような漢字《かんじ》で、「いのち」を表現《ひょうげん》された個所《かしょ》は一ヶ所もありません。

では仏教《ぶっきょう》では「いのち」をどのような漢字《かんじ》で表《あらわ》してきたかといいますと、「身《しん》命《みょう》」という字《じ》です。

『法華経《ほけきょう》』には「不惜身命《ふしゃくしんみょう》」（いのちを惜《お》しまない）とあり、浄土真宗《じょうどしんしゅう》のみ教《おし》えに親《した》しんできた人《ひと》が愛読する『歎異抄《たんにしょう》』には、おのおの十余箇国《じゅうよかこく》のさかひをこえて、身命《しんみょう》をかへりみずして、たづねきたらしめたまふ御《おん》こころざし、ひとへに往生極楽《おうじょうごくらく》のみちを問《と》ひきかんがためなり。

と、あります。

関東《かんとう》の門弟《もんてい》の人が、京都《きょうと》の親鸞聖人《しんらんしょうにん》を「いのち」がけで訪《たず》ねた有様《ありさま》を「身命《しんみょう》をかえりみず」(いのちがけで)と記《しる》されています。

これ以外《いがい》にも経典《きょうてん》や七高僧《しちこうそう》(親鸞聖人が尊敬《そんけい》されたインド・中国・日本の七人の高《こう》僧《そう》)の著書《ちょしょ》にも何度も出てきます。

このように仏教では、父・母のご縁で「この身」をいただいて、この世を生きる間の「いのち」を身命《しんみょう》と示し、この身《み》以外《いがい》に私の「いのち」というものがどこかにあるとは受けとめてきませんでした。

また、私たちは、「この身」で「いのち」を味わってきました。ですから、現在では「『いのち』を大切に」といいますが、私たちの祖父母《そふぼ》の代《だい》までは「御身《おんみ》おいといください」といってきました。

それ以外にも、日常会話《にちじょうかいわ》の中で、「身仕度《みじたく》をする」、「身《み》の不始末《ふしまつ》」、「身《み》の置《お》き場《ば》がない」、「身《み》から出《で》た錆《さび》」、「身《み》の立《た》つ様《よう》に」とか、あらゆる場面で、「身」という言葉を使ってきました。

教えを聞いても「身にしみるご法話」とか、「身にあたるご催促《さいそく》」とか、「教えが身につくことが大切だ」と、教えを「身」でいただいてきました。

この「身」という「いのち」を表《あらわ》す言葉を全《まった》くといっていい程《ほど》、今では使いません。これは現在の人たちが、「いのち」を抽象的《ちゅうしょうてき》なものにして、具体的《ぐたいてき》な「いのち」（身）を見失っているからではないでしょうか。

身とは何か

七高僧《しちこうそう》の第二祖《だいにそ》であるインド（現在の往所はパキスタンのガンダーラ）ご出身の天親菩薩《てんじんぼさつ》は、「身とは、輭《なん》（ぬくもり）と識《しき》（感覚《かんかく》）のあるものである」（中村元編『仏教語大辞典』）と、教えてくださいました。

「ぬくもり」のある「身」を身体といい、「感覚《かんかく》」のある「身」を身心といいます。

感覚《かんかく》とは、目《め》・耳《みみ》・鼻《はな》・舌《した》・肌《はだ》です。この五感にプラス、意識《いしき》で感じる感覚を第六感といいます。

ですから、この「身」が生きているというのは、「ぬくもり」（身体）があり、見たり、聞いたり、触《ふ》れて、驚《おどろ》いたり、感動《かんどう》する感覚《かんかく》（身心《しんしん》）のある間です。

現代では、「身」と「体」、また「身」と「心」を完全に分断《ぶんだん》してしまい、体と心だけが「身」と関係なしに存在しているように受け取っているのではないでしょうか。

その証拠《しょうこ》に、「身といわれたらわからない」・「体とか、心と言ってもらった方が解《わか》りやすい」という人が多くなりました。

江戸時代《えどじだい》の人たちは、日常会話《にちじょうかいわ》の中で「忙《いそが》しい」という言葉を自分の上でも、周《まわ》りの人にも使わなかったそうです。

「忙《いそが》しい」とは、「心を亡くす」という字ですから、「忙しい」・「忙しい」という生活をしている人は、目先のことに追われ、小鳥のさえずりに驚《おどろ》くこともなく、四季《しき》の移《うつ》り変わりと共に変化していく周《まわ》りの景色《けしき》に感動《かんどう》する感覚《かんかく》（身心《しんしん》）を亡《な》くした日暮《ひぐ》らしをしている人です。

だから、周りの人に「お忙しいようですね」という言葉は、その人が身心《しんしん》（感《かん》覚《かく》）を失って生きているという言葉ですから、大変、相手に失礼な言葉になります。

また、自分の生活を「忙しい」、「忙しい」と言っている人は、折角与《せっかくあた》えられた身心（感覚《かんかく》）を失って、「いのち」、（身《み》）を粗末《そまつ》にしていることを、自《みずか》ら宣言《せんげん》しているようなものです。

ぬくもり（身体《しんたい》）と感覚《かんかく》（身心《しんしん》）のある「この身《み》」を本当に喜んで生きる人生は、どうしたら実現するのでしょうか。

釈尊の教え

お釈迦《しゃか》さまは、「人生は生まれによって決まるのではない。行為《こうい》によって決まる」と教えてくださいました。

「生まれによる」とは、私たち人間の存在を超《こ》えた神秘的《しんぴてき》なもののはたらきかけによる「神意論《しんいろん》」でもなく、また、生まれた時から定《さだ》められた運命《うんめい》のようなものがある「運命論《うんめいろん》」ではないということです。

だからといって、人生は出たとこ勝負《しょうぶ》で、いいチャンスに恵《めぐ》まれるか否《いな》か、といういきあたりバッタリのもの「偶然論《ぐうぜんろん》」でもありません。

お釈迦《しゃか》さまは、父母《ふぼ》をご縁《えん》に、この世に生んでもらった「この身《み》」で何を行うか、という行為《こうい》によって人生は決まる「行為論《こういろん》」といわれました。

それは、お金持ちになる、ならないとか、有名人になる、ならないとかいう、表面的《ひょうめんてき》なことではありません。

どれだけ自分の人生を充実して生きるかということです。

けれども、どれほどすばらしい行為《こうい》でも、一度きりでは喜びを感ずる充実感《じゅうじつかん》にはなりません。行為を大切にするということは、自ずからその行為を継続《けいぞく》することが大切になります。一つ行為の継続を精進《しょうじん》（精進論《しょうじんろん》）といいます。

中国の天台大師《てんだいだいし》は、『法華文句《ほっけもんぐ》』という著書《ちょしょ》の中で、「精《しょう》とは不雑《ふぞう》、進《じん》とは不《ふ》間《けん》」と教えてくださいます。

若い時には色んなことに挑戦《ちょうせん》するのもいいことですが、やはり、本当に自分の「身《み》」に合った仕事なり、生き方が決まって来なければなりません。「身《み》」に合ったことが決まれば、あまりよそ見しないように、そのことを、間を開けずに続けていくことが大切です。

ひとつことを工夫しながら間をあけずに続けることによって、自ずから「身《み》」についてくるものがあります。それが「この身」を生きる大きな力になります。それを業《ごう》（業力《ごうりき》）といいます。

ひとつことを続けるためには、何があってもゆらぐことのない「いのち」（身《み》）のよりどころが大切です。そのよりどころとなるものを「法《ほう》」という言葉で教えてくださったのがお釈迦さまです。

その「法《ほう》」とは何かを求め、聞いていくのが仏教聴聞です。

一言つけ加えますと、「法」とは「この身」を、今ここに存在せしめている「法則」です。お釈迦さまは「縁起《えんぎ》の法」と言われ、親鸞さまは「自然《じねん》の法則」と教えてくださいました。

「自然《じねん》」について、親鸞聖人は、

「自」はおのづからといふ、行為のはからひ（自分の知識・経験による思慮分別）にあらず。しからしむといふことばなり。「然」といふは、しからしむといふことば、行者のはからいひにあらず、如来のちかひにてあるがゆゑに「法《ほう》爾《に》」といふ。

と、明らかにしてくださいました。

他力とは
この身を活かす
「はたらき」

●2010年●

「この身」とは

現代ほど「いのち」を大切にという言葉を見聞する時代はありません。

この言葉は、いつごろから使われだした言葉でしょうか。

少なくとも、私たちの二代前の祖父母《そふぼ》の時代には、なかった言葉だろうと思います。祖父母の時代には、「いのちを大切に」とは言わず、「御身《おんみ》おいといください」と言っていました。

仏教では「いのち」・「生命」を「身命《いのち》」と受け止めてきました。「身命《いのち》」という字で、「いのち」を「この身」で受け止めてきたのです。

ですから、生活のあらゆる場面で、「身《み》」という言葉が使われてきました。

たとえば、生き方といわず、「身のふり方」、「身の処《しょ》し方」、「身の始末《しまつ》をつける」といってきました。また、何かあると、「身仕度《みじたく》」をし、「身構《みがま》え」ました。ですから、法話を聞いても、「わかった、わからない」、「面白《おもしろ》かった、面白くなかった」という聞き方ではなかったのです。

「この度のご法話は身にしみました」、「身に当たりました」、「身にこたえました」等と、受け止め、感動したときは「身震《みぶる》いした」と、その喜びを語りました。

生まれたばかりの何もわからないときから、少し大きくなって、理屈を振《ふ》り回している時も、子育てに追われ、四六時中《しろくじちゅう》、汗《あせ》を流して働いていた時も、老齢《ろうれい》になり、病院通《びょういんがよ》いを日課《にっか》とするようになった時も、変わることなく、私たちが生きて来れたのは、どうしてでしょうか。

それは、父母《ふぼ》をはじめ、多くの人に支えられてきたからに違いありません。

「この身」が今日まで維持《いじ》されてきたのは、ただ人間関係だけによってではありません。

それこそ、数えることもできない多くの、ありとあらゆる「いのち」をいただき、ありとあらゆる「もの」の恩恵《おんけい》を受けてきたから、生きて来《こ》れたのです。

「この身」を生かす本当の「はたらき」

お釈迦《しゃか》さまは、この世のありとあらゆるものは、常に流動的《りゅうどうてき》で、一時《いっとき》も同じ状態《じょうたい》で存在《そんざい》しているものはない、ということを「諸行無常《しょぎょうむじょう》」と教えてくださいました。

私の「この身」も、いつ何時《なんどき》、どのようなことに出くわすかわからない、無常《むじょう》の身《み》です。それが病《やまい》であったり、事故《じこ》であったり、災害《さいがい》等であります。

また、「この身」のあるこの世も、予告《よこく》なしにいつ何時《なんどき》、どこで、何が起こるかわからない、無常《むじょう》の世です。

その上、私たちの「この身」を支え、力になってくださっている「人」・「いのち」・「もの」も、すべていつまで「この身」の支えになり、力になってくださるかわからい無常の存在です。

こんなすべてが無常という中で、生きている私たちは、自分では、しっかりと「この身」を生きているつもりですが、知らず知らずに無常の世に流され、無常なる「人」・「いのち」・「もの」とともに、「無常の身」を、その時その時、流されて転びつづけているのです。

そんな「いのち」のあり方を「生死流転《しょうじるてん》」（まよい）と、お釈迦さまは気づかれたのです。

お釈迦さまの求められたもの

お釈迦さまは、かけがえのない「この身」を「生死流転」（まよい）の中で果《は》てることが、一番悲しいことだと思われたのです。

どうすれば、「生死流転《しょうじるてん》」（まよい）の人生から決別《けつべつ》できるかを考えられたのです。

そして、「生死流転」（まよい）の人生から決別するには、何があっても、どのような時でも、ゆらぐことのない「確かなもの」、無常《むじょう》でない「常住《じょうじゅう》なるもの」を見出し、それを「よりどころ」として生きる以外にない、と気づかれたのです。

「常住《じょうじゅう》なるもの」を、一時も早く見出し、それをよりどころに生きなければ、「生死流転」（まよい）の人生を、永遠につづける不幸な結果を招くということに気づかれ、辛《つら》い決断《けつだん》をされました。

自分の身、妻子《さいし》、親、みんなのことを思って、出家《しゅっけ》し苦行の道に入られました。その六年の苦行《くぎょう》も捨てて、体力の回復《かいふく》を期《き》し、木陰《こかげ》に坐《ざ》して、自身をあらためてみつめられたのです。

私が今日まで、「この身」を維持《いじ》できたのは、多くの人の支え、多くの「いのち」や「もの」の恩恵《おんけい》によると同時に、どのような時でも、この身を生かし続けてくださった、「色もない、形もない」大きな大きな「はたらき」（法則）があったことに目覚《めざ》められたのです。

その大きな「はたらき」は、この世のありとあらゆるもの（無量《むりょう》）が一つの如く（一如《いちにょ》）に関連《かんれん》（縁起《えんぎ》）することによって生まれた力（法則）であると気づかれたのです。

この「はたらき」が、すべての「いのち」をつつみ、生かしているのです。

お釈迦さまは、この大きな「はたらき」が、すべての「いのち」を生かす法則《ほうそく》

（法《ほう》）であり、この法則だけは、諸行無常《しょぎょうむじょう》の世にあって、「常住《じょうじゅう》なるもの」であると説かれました。

この「法」をよりどころに生きる時、すべての人が「生死流転《しょうじるてん》」（まよい）の人生から決別できると教えてくださいました。

このすべての「いのち」をつつみ、支《ささ》えてくださる大きな「はたらき」（法則）を、中国の曇鸞大師《どんらんだいし》が「他力《たりき》」（私《わたし》を私《わたし》として存在せしめるはたらき）と名づけて、すすめてくださいました。

お釈迦さまの気づかれた世界は、私たちが見たり、知っているこの世とは、そのスケールが全く違います。

時間的には、はじめがわからない昔（無始《むし》）より、空間的《くうかんてき》には、その辺《ほとり》が限定《げんてい》できない拡《ひろ》がり（無辺《むへん》）をもった世界です。

そのような想像《そうぞう》もできない（こころもおよばず）言葉でも表しきれない（ことば

もたえたり）という世界のありとあらゆるもの（無量《むりょう》）が、一如《いちにょ》となって、私たちを生かしてくださっているのです。

無量《むりょう》をインドの言葉でアミダといい、アミダという一如《いちにょ》からの「はたらき」（法）を阿弥陀如来と名づけ、南無阿弥陀仏の「み名」とし、「お姿」（本尊）として、私たちはいただいています。

失って
はじめて気づく
若さ・健康
無常の身

●2011年●

無いものねだり

私たちは知らず知らずのうちに、周《まわ》りの人と自分を、いろんな面《めん》で比《くら》べながら生《い》きています。

自分より幸《しあわ》せそうな人を見て、自分の不幸《ふこう》を嘆《なげ》き、自分よりつらい人生を生きている人を見て、「あの人、気の毒《どく》ね」と口ではいいながら、内心《ないしん》では「私は幸せ」という思いになります。

「隣《となり》の花は赤い」ということわざもありますように、私たちは、他の人の持っている物がよく見え、それをほしがる習性《しゅうせい》があります。

逆《ぎゃく》のことわざに「隣《となり》の貧乏《びんぼう》は鴨《かも》の味《あじ》」というのがあります。隣《となり》の家の貧《まず》しさを知ると、いい気持ちになるということです。

周《まわ》りの人との比較の中で生きる人生には、本当のよろこびはありません。

自分に今、与えられているものを大切に、背伸《せの》びすることなく、卑下《ひげ》することなくそれぞれが、身の丈《たけ》いっぱいを大切に生きればいいのです。

言葉にすればこれだけですが、このことが大変むつかしいのです。

どうしてむつかしいのか。私たちには、自分のことがわかっているようで、わかっていないからです。

自分とは、自身とは、

お釈迦《しゃか》さまは、十代の半ばで、自分の身（いのち）が無常《むじょう》であることに気づかれたのです。

「無常《むじょう》の身」とは、若さは永遠《えいえん》でないということです。若さが永遠でないことぐらい、誰でも知っていると思っているでしょう。

みんな、わかっているつもりです。でも本当は、わかっていないのです。本当にわかっていれば、一過性《いっかせい》の若さを空《むな》しく生きることはありません。

若いときに本当に考えるべきことを考え、できることを、本当にしておかねばいけないのです。

ところが、ほとんどの人は、年老《としお》いて、若いときにあれもこれもしておけばよかったと、悔《く》やむのです。

健康《けんこう》も同じことです。健康《けんこう》に恵《めぐ》まれているときに、考え、しておくべきことがあるはずです。それなのに健康な時には、忙しい忙しいとかけずり回るだけで、日々を送ります。

そして、病《やまい》を得《え》て、身が思うように動けなくなってから、健康な時に「あれをしておけばよかった」と後悔《こうかい》するのです。

さらに言えば、生きている時に考え、味わい、よろこぶべきことを、考えず、味わわず、よろこばず、グチで明け暮れる日々を送って、臨終を迎えるほど、悲しい人生はありません。

お釈迦さまが、「老《ろう》・病《びょう》・死《し》」の身に、気づかれた出来事が「四門出遊《しもんしゅつゆう》」の物語として残されています。

私たちの「この身」だけが、無常ではないのです。私たちの生きている「この世」も、無常です。

いつどこで何が起こり、どのようなことに出会うかもしれません。「確かなもの」が何一つとしてないのが「この世」です。

いざという時には、あの人が居てくれる、あれがあると、私たちがあてたよりにしている人も、「もの」も、すべて無常なのです。

私たちは、いつ揺《ゆ》れ出すかわからない大地《だいち》に立って、揺《ゆ》れ動く人や物にしがみついて、揺れながら生きているのです。

いつ揺れ出すかわからない大地に居て、揺れ動く人をあてたよりに、私たちは常に揺れ動く身を生きているのです。

それは、丁度《ちょうど》、地震《じしん》の最中《さいちゅう》に、千鳥足《ちどりあし》の酔《よ》っぱらいが肩を組んで歩いているようなものです。

そんな自分のあり方に気づかれたお釈迦さまは、どうしても、現状の身のあり方から離《はな》れ抜け出す道（生死出離《しょうじしゅつり》の道《みち》）を求めずにはおれなかったのです。それがお釈迦さまの出家です。

お釈迦さまの求められたもの

確かなものが何一つない（諸行無常《しょぎょうむじょう》）中に、私たちは縁あって生まれ、生かされているのです。だからこそ「この身」のあり丈《たけ》を精一杯《せいいっぱい》生きるためには「確かなもの」、「無常ならざるもの」（常住《じょうじゅう》なるもの）を見つけ出し、それをよりどころに生きる以外にないのです。

お釈迦さまが求められたものは、わが身に、何が起ころうとも、揺《ゆ》らぐことのない「確かなもの」、「常住なるもの」でした。

出家《しゅっけ》されたお釈迦さまが、まずぶつかった問題は、どうしたら「確かなもの」が求められるのか、「常住なるもの」がどこにあるのか、どのように求《もと》めればいいのかということでした。

そこで、お釈迦さまが取《と》り組《く》まれたのは、当時の多くの修行者《しゅぎょうしゃ》が行っていた苦《く》行《ぎょう》です。六年間、それこそ死の一歩手前《いっぽてまえ》まで行われましたが、求めるものは見つかりません。

苦行《くぎょう》を捨てたお釈迦さまは、痛めた身の回復《かいふく》を期して、今度は、大《おお》きな木《き》（菩《ぼ》提樹《だいじゅ》）の下《した》で端座《たんざ》して、自身《じじん》（自《みずか》らのいのち）と静《しず》かに向《む》かい合《あ》われました。七日七日《なのかなのか》座《すわ》る場を変えながら、四十九日目、十二月八日の暁《あかつき》、宵《よい》の明星《みょうじょう》のもとで、お釈迦さまは、自身が求める前から、すでに「この身」（いのち）は「常住《じょうじゅう》なるもの」、わが身を確《しか》と摂《おさ》めとって捨《す》てることのない（摂取不捨《せっしゅふしゃ》）「はたらき」（法則）の中で生かされていたことに気づかれたのです。

その気づきというか、目覚《めざ》めを、お釈迦さまの「おさとり」というのです。

お釈迦さまが「おさとり」は、「常住《じょうじゅう》なるもの」、わが身をすでに「摂取《せっしゅ》して捨《す》てざるもの」がある。私たちの「この身」は、私たちが気づく前から、その「はたらき」（法則）の中で生かされてきたのです。

時間・空間・無限の広がりを持った世界のありとあらゆる（無量《むりょう》）ものが一つに（一如《いちにょ》）つながり、大きな「はたらき」となって、すべての「いのち」をつつみ、生かしてくださっているのです。

無量なるもののつながりを縁といいます。その縁が一つの大きな「はたらき」となり、すべての「いのち」を生かし育《はぐく》んでくださっているのです。それが、すべての「いのち」を生かしてくださる法則（はたらき）です。

この法則は「常住《じょうじゅう》なる法」であるとお釈迦さまは教え、この「法をよりどころに生きよ」と説《と》いてくださったのです。

この「法《ほう》」は無量（インドの古語《こご》で『阿弥陀』という）なるものが一つ如《ごと》くにつながること（縁）によって生じる大きな「はたらき」（力）であり、それはすべての「いのち」を摂取して捨てることのない大きな「いのち」でもあります。

この「法」を、浄土の教えをよろこばれた先人達《せんじんたち》は、「阿弥陀如来」と名づけ、私たちの目覚めを促《うなが》してくださる「はたらき」（大行）といただいてきました。

み光とは
この身を育む
無量の縁

●2012年●

今・ここにある「この身」

私たちのものの見方・考え方は、自分でも気がつかないうちに転倒《てんとう》しています。

今、ここに、「この身」が「なぜ」存在《そんざい》するのかを考える人は少ないでしょう。

自分が今、ここにいるのは、「今、ここにいたい」という意志《いし》で実現《じつげん》しているのでしょうか。本当はどうなのでしょう。

一人でも、今、ここにいることができるのでしょうか。

私には父や母がおり、妻子があり、親戚《しんせき》・知人《ちじん》・友人《ゆうじん》がいる。それは、いいときもあり、面倒《めんどう》なときもあると思っていませんか。

私たちの転倒《てんとう》したものの見方・考え方は、ここからはじまります。

真実《しんじつ》は、私がいて父母《ふぼ》がいるのではありません。父母がいて私がいる。妻がいて夫の私がいる。子がいて親の私がいるのです。親戚があり、知人・友人があって、私は私として、今、ここに存在しているのです。

このようなものの受け止め方ができなくなったところに、現代人の一番の問題であります。

私がいてまわりの人がいるという受けとめ方は、知らず知らずのうちに、周《まわ》りの人がいなくても、私は私として、ここに存在《そんざい》し続けられるという思いこみになります。

周《まわ》りの「いのち」や「もの」を、自分の都合だけで重《おも》んじたり、軽んじたりする生き方になります。

今、ここに「この身」が存在するのは、多くの「いのち」や「もの」のつながり（縁）によって実現しているのです。

自分一人でも、今、ここに「この身」が存在《そんざい》できると思うなら、これほど転倒《てんとう》した考え方はありません。

豊かになった（「もの」だけですが）現代社会が、生きづらい世の中になっている原因が、「いのち」の受けとめ方の転倒にあると思います。

「この身」の生きる世界

私の身（いのち）は小さなものです。しかし、今、ここにいる小さな「この身」が生きている「いのち」や「もの」のつながり（縁《えん》）の世界は、百キロ四方、千キロ四方というような小さな世界ではありません。

私たちは、自分の視界《しかい》に入り、自分の移動できる範囲《はんい》の中だけで生きているのではありません。

しかし、私たちのものの見方・考え方は、自分の見たり動く範囲《はんい》や、自分の生きてきた経験の中だけでなされています。

そのように、自分の見たり経験《けいけん》したことが、すべてのように思いこみ、それに固執《こしつ》するあり方を、仏教で「我執《がしゅう》」といいます。

今、ここにいる「この身」が生きている広い世界が見えなくなるのは、この「我執」によるのです。

はじめにも書きましたが、私たちは父母がいて「この身《み》」（いのち）があるのです。父母にも父母、私にとって祖父母《そふぼ》がいたのです。このように自分の「身」の縁を遡《さかのぼ》っていきますと、どこまで遡れるのでしょうか。

現代人のご先祖が、地上に姿をあらわしたのは三百万年前頃（異説あり）です。それ以前の、三十八億年前頃に、地球上に生命は誕生したそうです。

地球そのものの誕生は、四十六億年前だといわれています。私たちの「この身」の縁はどれだけ遡《さかのぼ》っても、そこまでだと私は思っていました。

ところが、現代の最先端《さいせんたん》を歩む科学者は、宇宙が生成《せいせい》される以前の物質（どのようなものか私にはわかりません）と、今、ここにいる「この身」は無縁ではないと話されます。

「この身」は、文字通《もじどお》り「無始《むし》（はじめがわからない）よりこのかた」の縁《えん》の中《なか》にあるのです。

仏教では「無始《むし》よりこのかた」と、同じ意味で「久遠《くおん》の昔より」とか、「曠劫《こうごう》よりこのかた」といいます。これらの言葉《ことば》を法話の中で何度も聞かれたことでしょう。

しかし、私たちは、そのことが、今、ここにいる「この身《み》」のことだと気づかずに聞いています。

「この身《み》」（いのち）は、無限《むげん》の時間（永遠《えいえん》の時間《じかん》）のつながり（縁《えん》）の中で生かされて、今、ここに生きているのです。

また、地球《ちきゅう》・太陽系《たいようけい》・銀河系《ぎんがけい》にとどまらない、無限《むげん》の空間《くうかん》の中に存在《そんざい》するあらゆるものとのつながり、（縁）の真中で生かされて生きているのです。

広大《こうだい》にして辺際無《へんざいな》きご縁の世界の真《ま》っ只中《ただなか》で生かされて生きているのが、今、ここにいる「この身」です。

私たちは無量（計量《けいりょう》できない）のご縁に護《まも》られ、育《はぐく》まれ、導《みちび》かれて、小さな「この身」を生きているのです。

仏さま　光とは何か

法話の中で多く耳にする言葉の一つに「光」があります。「み光の中」・「仏さまの光」・「阿弥陀さまは光の仏さま」などです。

話を聞いているときは、何となくわかった気分になります。改《あらた》めて「み光」・「仏さまの光」・「光の仏さま」という「光」とは何かとなると、はっきりしません。

仏教は常に、「自身《じしん》は現《げん》にこれ」（今、ここにある「この身」）ということを問題にしています。中国の善導大師《ぜんどうだいし》のお言葉《ことば》（「散善義《さんぜんぎ》」）です。

今、ここにある「この身」は、無量なるもののつながり（縁《えん》）による広大《こうだい》にして辺際《へんざい》なき世界の真っ只中で生かされているのです。

「この身」を護《まも》り育《はぐく》み導《みちび》く縁《えん》こそ、私を私としてここに生かしてくださっている「光」なのです。

この世に存在《そんざい》すべきもののつながり（縁《えん》）のあり方は、「不一不二《ふいつふに》」です。

私は、私という世界にただ一つの身を生きているのです。「この身」と同一のものは、この世にないのです。そのことを「不二《ふに》」といいます。

だからといって、他と全《まった》く関係《かんけい》なく単独《たんどく》で存在《そんざい》するものはありません。それが「不一《ふいつ》」です。

二《に》でもなければ一《いち》でもない（不一不二《ふいつふに》）あり方を「一如《いちにょ》」といいます。

無量《むりょう》（インドの言葉《ことば》でアミダ）なるものが、「一如《いちにょ》」の「縁」によって、今、ここに「この身」を生かしてくださる「はたらき」です。

この「はたらき」を「光」と仰ぐのです。

無量の縁を「無量光《むりょうこう》」と仰ぎます。それは、私たちの思いのおよばないものですから、「不可思議光《ふかしぎ》」といただくのです。

仏とは、この「縁」の世界というか、「光」の「はたらき」に目覚《めざ》められた方です。具体的にはお釈迦さまです。

同時に、お釈迦さまが目覚められた「光」（阿弥陀如来）も「仏」と仰ぐのです。

「阿弥陀さまの光」とは、お釈迦さまが目覚められた、無量（アミダ）なるものが「一如《いちによ》」につながる（縁《えん》）世界からの「はたらき」（無量光・不可思議光）を指すのです。

この「阿弥陀さまの光」を見失い、自分の都合《つごう》ばかりを優先《ゆうせん》させて、「思うようにならない」と、不平不満《ふへいふまん》の多い生き方をしているのが、私たちです。

「光」（縁《えん》）に目覚めることが、「この身」にとって一番大切な、何より急がねばならないことです。

仏教は、このことを明らかにしてくださった教えです。

不思議とは
今・ここにいる
わたし

●2013年●

「我思《われおも》う」からはじまる人生

西洋の人のものの見方の中心は、キリスト教が根底にあるのでしょうが、直接的にはデカルト（一七世紀）の「我思う、ゆえに我あり」だと思います。明治以降の日本人も、この考えを中心に教育を受けてきました。まず「思う」というか、考える自分がいることが、ことのはじまりです。自分の人生も、自分でよく考えて生きることが、すべての出発であり、基本なのでしょう。

そうでないと、自分の存在そのものが危《あぶ》なっかしいものになるというのです。デカルトの言葉の真意《しんい》がよくわかっていない私が、デカルトの言葉から受けた印《いん》象《しょう》です。

私は、このデカルトの言葉を「本当にそうだ」と思うときもありますが、どうも違うと思うことの方が多いのです。

大体、私のような自分勝手な、自分の都合《つごう》のいいことばかり考えることが身に付いた人間が、自分で何を思い、何を考えてもあまりいいことにはならないようです。

また、何も思わず、考えていないときでも、私は、私として存在している。どうしてかと思うのです。

私の実父は、私が一歳と四ヶ月のときに病死しました。私は、父のことを何も覚えていません。父の通夜《つや》、葬儀《そうぎ》の時には焼香《しょうこう》に来てくださった沢山《たくさん》の人の間を、喜々《きき》として走り回っていたそうです。

父の死もわからず、ただ多くの人が来てくださったのをよろこんでいるような私、何も思わず、何も考えていなかったのでしょう。

「我思《われおも》うことのない私が、我《われ》として今、ここにいる」のです。

また、二十代の頃、暴飲《ぼういん》で前後不覚《ぜんごふかく》になり、自分がどこにいるかもわからないとき、先輩《せんぱい》の下宿で世話になっていました。

最近は低血糖《ていけっとう》で、気を失い三回も救急車のお世話になりました。自分がどうなったのか、全く記憶にありません。

そんな危なっかしい私が、「我思う・思わない」にかかわらず、今ここにいるのです。

「我思う」より前に「我あり」が私の事実ではないか。「我思うゆえに我あり」でなく、「我あり、ゆえに我思う」が、私のあり方だと思います。

「我あり」からはじまる人生

「我あり」ということが、どのように実現しているのかを考えることなく、「我思う」ことが一番になっていることが、私たちの間違いのもとではないでしょうか。

「我思う」中身は、言葉は調法《ちょうほう》なもので上手に表現しますが、結局、自分中心、自分の都合のいいことを考えます。

しかし、その考えは、自分の思うように、自分の都合のいいようにならないことが多いのです。

そして、思うような時、私は必ず周《まわ》りの人を、悪者《わるもの》にしているのです。

そして、少しでも自分の考えが思い通りになれば、調子にのって、貪《むさぼ》りの欲望《よくぼう》をふくらませて、足元が見えなくなるのです。

「下手《へた》な考え、休むに似《に》たり」（『浮世風呂《うきよぶろ》』）という言葉がありますが、私の場合「我思う」ことの多くは、このようなことになるのです。

「我思う　ゆえに我あり」でなく、私にとってはどうして、今、ここに「我あり」なのかを見つめ直すことを大切にしたいと思います。

実は、仏教は「自己《じこ》を学《まな》ぶ」教えなのです。

仏教とは、仏陀《ぶつだ》（目覚《めざ》めた方）となられたお釈迦さまの、目覚められた法（則）と、その法に生かされている自己に目覚めて生きる教えです。

人生にとって、この目覚めが一大事（一番大事なこと）なのです。

私は私ひとりでは、私として存在《そんざい》できないのです。私が私として今、ここにあるのは、時間、空間ともに、私たちが到底《とうてい》考えの及ばないほど広大な、また無辺《むへん》の「いのち」のつながり（縁《えん》）の中で生かされて生きているのです。

「いのち」不思議

私は、いつ、どの地域《ちいき》に、どの親のもとで、男として生まれようと考えたことは全くありません。それが、今、ここに、この父母のもとに男として存在《そんざい》しているのです。

父、母が私の生まれてくる直接《ちょくせつ》の縁《えん》ですが、父、母にもそれぞれ親、祖父母がありと、自分が今、ここに生《い》きているルーツを遡《さかのぼ》っていきますと、皆さんはどれくらい遡れるでしょうか。二十代も遡れる人は希ですが、本当のところは到底《とうてい》わかりません。

仏教では「無始《むし》（はじめがわからない）よりのいのち」とか、「久遠《くおん》（永遠《えいえん》の過去）よりのいのち」といいます。

それは、この地球に生物が誕生する、いや、太陽系ができるよりもっと昔から受け継がれてきたものです。

私の「この身」がこの世に、今の姿で存在するのは、長くても百年を少し超《こ》えるぐらいです。

「我あり」の蔭《かげ》には、無限《むげん》の「いのち」のつながり（縁）があるのです。

また小さな「この身」が生きるためには、どれほど広い世界との関わりがあることでしょう。地球で生まれて、地球だけで生きているのではなく、広大な宇宙の恵みをいただいて、「我あり」が実現しているのです。

時間、空間ともに無限の広がりの世界の中での話です。

私の小さな「ものさし」で計量《けいりょう》することなど、到底できない多く（無量）の縁の中で生かされている「我あり」です。

「我」を精一杯生きる

不思議というと、何か奇跡のようなことを考える人が多いと思いますが、本当の不思議（私たちの思いや考えを超えたこと）は、今、ここに「我あり」ということです。

私たちはいろんなことを思い考えます。自分の「ものさし」で、上・下、勝・負、損・得など他と比較《ひかく》しながら生きています。

「我思う」ことは、生きている間続くでしょうが、「我あり」に立って生きたいものです。

なにより大切なことは、不思議なつながり（縁《えん》）に生かされている「我あり」の「いのち」を、他と比べずに精一杯《せいいっぱい》生きることです。

浄土真宗で一番多く読誦される『阿弥陀経』に「青色青光《しょうしきしょうこう》・黄色黄光《おうしきおうこう》・赤色赤《しゃくしきしゃく》光《こう》・白色白光《びゃくしきびゃくこう》」と説かれています。

このようなすべてがそれぞれの色を輝かす世界で、私が、私の「いのち」を本当に輝かせて生きる人生が実現するのです。

十人十色
どの色も
天下一品

●2014年●

十人十色《じゅうにんといろ》

同じ小さな星、地球に住む人間であっても、地域《ちいき》により顔色も違《ちが》い、話す言葉も違います。

現人類《げんじんるい》のご先祖《せんぞ》はアフリカのエチオピア付近《ふきん》の出身で、皆同じだそうです。それが長い時間（宇宙の歴史から言うと短時間）をかけて、移動《いどう》し、現在では地球上どこに行っても人に会います。

住む地域の気候等、自然条件《しぜんじょうけん》に適応《てきおう》していくために、いろいろ膚《はだ》の色や顔や姿の違いが表れたのですが、ご先祖《せんぞ》は皆同じで、同朋《どうほう》でない人間は、地球上に一人もいないのです。

それなのに、人間は、今も国が違う、民族が違うと争い続けています。いや同じ民族《みんぞく》、同じ教えを仰ぐ人間同士でも争い続けています。

身近なところでも、いろんな違いを言い張って争っています。一つ屋根の下に住むもの同士でも争っています。

違いを強調《きょうちょう》して争うのが人間ということになれば、この世から、争いは絶えなくなります。

なぜならば、人間は、一人ひとり全部違うのですから。親子・兄弟・姉妹でも、全く同じという人はいないのです。

十人十色《じゅうにんといろ》どころか、人間の数だけこの地球上には異なる色の人が住んでいるのです。

違いを認《みと》め、違いを活《い》かし、金子みすゞさんの詩のように「みんな違って、みんないい」というあり方を見つけないと、みんな不幸になるしかないのです。

私は何色

私が言いたい「色」とは、ただ表面的な「膚《はだ》の色」ということではありません。それぞれの人《ひと》のもつ「輝き、もち味」のことです。

その人がそこにいるだけで、周りを明るくする人もいます。また、その人がひとり加わるだけで、場の雰囲気《ふんいき》が和《やわ》らぐ人もいます。

例《れい》をあげれば限《かぎ》りがありません。

しかし、そのような素晴《すば》らしい人が自分のすばらしさに気づかず、わざとそうするのかと思うほど、自分の素晴らしい色を、自分で殺している人がいます。

自分の色を前面に出し過ぎる人にも閉口《へいこう》しますが、自分の素晴《すば》らしい色を殺して生きている人に会うと、悲しくなります。

他の人の色はよく見えますが、自分の色を知らないままで生きているのが、私たちではないでしょうか。

他の人のよい色を見て羨《うらや》ましく思ったり、自分はダメだと落ち込んだり、常《つね》に、他の人と比較《ひかく》しながら生きることの多い、私たちです。

自分しか持っていない素晴らしい色に気づいていないのです。

自分の色に気づけば、自分の色を、精一杯《せいいっぱい》出しきって生きればいいのです。

こう言うと「その通り」と思われるでしょう。

実は、私たちは自分の色が、自分ではなかなかわからないのです。

私も自分の色に気づくまで数十年かかりました。若いときには、他の人のやっていることを見て、自分もその気になったら、あれくらいのこと、明日からでもできると、人生の方向が定まりませんでした。

目が、あちらこちらと飛び回り、腰の座らない時を過ごしました。自惚《うぬぼ》れだけで生きてきたと、七十歳過ぎて、恥じ入る今日この頃です。

私は、今となって私の色は、これだと思っているのは、拙《つたな》い話し、拙い文章《ぶんしょう》でも、この身にいただいたお法《みのり》を「お取り次ぎ」（法話・布教）させていただくことしかありません。

寺から逃げ出したい、話しや、書《か》くことほど苦手《にがて》なことはないと思っていた私を、父母《ふぼ》、ご門徒《もんと》、同輩《どうはい》、先輩《せんぱい》、先生方《せんせいがた》どれだけ多《おお》くの人《ひと》のお育《そだ》てや導きをいただいてきたことでしょう。

私が、私になるまで、私を見捨《みす》てることなく辛抱《しんぼう》してくださった多くの人が居てくださったのです。

私は、多くの人の与えてくださる場面や機会から、逃げ出さなかったのがよかったと思《おも》っています。

自分よりも周りの人の方が私の色を見・知ってくださっていたのです。周りの人の与えてくださる場や縁から逃げないことです。

自分にはこれしかないと決めなくても、周《まわ》りの人の方が私のことをよく見・知っていてくださるのです。無理矢理《むりやり》に自分の色でないものを要求しつづける人はいないのです。

辛抱強く場を与えてくださるのは、自分の気づかない自分の色に、周りの人、特に先輩《せんぱい》、先生方は気づいてくださっているのです。

逃げずに、与えられた場と縁に、チャレンジし続ける中で自分の色が見えてくるのです。

「それは私の苦手《にがて》」、「こんなことは僕にはできない」と、自分で自分の殻に閉じこもらないことが、自分の色を見つけてもらう近道《ちかみち》です。

相照《そうしょう》の世界

私たちは自分で自分の色に気づかず、自分を出し切れずに悶々《もんもん》として月日を送り、また、周《まわ》りの人の色に気づいても、その色を出させないように押さえ込んだり、足を引っ張ったりします。

それ以上に問題なのは、色に善悪《ぜんあく》、優劣《ゆうれつ》、上下《じょうげ》等つけて、差別したり排斥《はいせき》することです。どの色も天下一品《てんかいっぴん》の色です。それは比較《ひかく》や差別《さべつ》の対象《たいしょう》になるものではないのです。

お互いに自分と違う色を認《みと》め合い、それぞれが、天下一品の色を出しきって照らし合い、支え合えばいいのです。

お互いが他の色を殺しあい、輝きを奪《うば》いあい、他の色の障害《しょうがい》になることが一番悲しく粗末《そまつ》なあり方です。

本当の「いのち」の世界（浄土・極楽）は、お互いがそれぞれ天下一品の色を出し合って支えあい、照らしあう世界です。

『阿弥陀経《あみだきょう》』にお浄土（極楽）が、象徴的《しょうちょうてき》に、

> 極楽国土《ごくらくこくど》には七宝《しっぽう》の池《いけ》あり、八功徳水《はっくどくすい》そのなかに充満《じゅうまん》せり。（中略《ちゅうりゃく》）
> 池《いけ》のなかの蓮華《れんげ》は、大《おお》きさ車輪《しゃりん》のごとし。青色《しょうしき》には青光《しょうこう》、黄色《おうしき》には黄光《おうこう》、赤《しゃく》色《しき》には赤光《しゃくこう》、白色《びゃくしき》には白光《びゃくこう》ありて、微妙香潔《みみょうこうけつ》なり。

と、表現《ひょうげん》されています。

『阿弥陀経』には四色《よんしょく》しか出てきませんが、無数の「いのち」に、無数の色あり、光りありです。

天下一品の色を輝かせて照らし合う世界、相照《そうしょう》の世界が本当の「いのち」の世界です。お互いの色を殺し合うようなら、相殺の世界です。

自分の色はどうなっているのかという「目覚《めざ》め」がなければ、「私は私」と居《い》直《なお》ったままの悲しいことになります。

仏教は、仏陀（目覚めた人）の教えであり、私たちも、仏陀の教えを聞いて、仏陀（目覚めた人）になろうという教えです。

比べない
比べられたくない
私の人生

●2015年●

子《こ》どものころの思《おも》い出《で》

私《わたし》は大阪《おおさか》の下町《したまち》のお寺《てら》に生《う》まれ、育《そだ》ちました。一歳《いっさい》と四《よん》ヵ月《かげつ》のとき実父《じっぷ》と死《し》に別《わか》れた私《わたし》は、養父《ようふ》と母《はは》に育《そだ》てられました。

養父《ようふ》は無口《むくち》な人《ひと》で、一日中《いちにちじゅう》ご門徒《もんと》のお逮夜《たいや》（ご命日《めいにち》の前日《ぜんじつ》）のお参《まい》りに追《お》われていました。自転車《じてんしゃ》で校区《こうく》で言《い》うと四《し》・五校区《ごこうく》の範囲《はんい》にあるご門徒《もんと》のお宅《たく》を訪《たず》ねて『阿弥陀経《あみだきょう》』と『御文章《ごぶんしょう》』を拝読《はいどく》し、相談《そうだん》にのったり雑談《ざつだん》をして辞《じ》するのです。

ご門徒《もんと》のお宅《たく》にも、私《わたし》と同年齢《どうねんれい》の子《こ》がいます。私《わたし》の子《こ》どものころに、子《こ》ども部屋《べや》のある家《いえ》はほとんど無《な》く、お仏壇《ぶつだん》のある手前《てまえ》の部屋《へや》に机《つくえ》があったらいい方《ほう》です。

机《つくえ》の前の壁《かべ》に、その机の主人公《しゅじんこう》の絵や習字が貼《は》ってある家がありました。

それも一軒だけでなく数軒です。机の前に貼ってあるのは、学校で賞をもらった絵や習字です。

養父《ようふ》は、私の同年代の子の居る家に行くと、どうしてもその絵や習字に目がいくのでしょう。お逮夜参《たいやまい》りから帰ってきた養父が、私の顔を見ると「〇〇君は同級生か」と聞きます。私が「〇〇さんは一つ上や」・「同級生や」・「一つ下や」等と言いますと、「ああ、そうやったのか」といいます。

これで終わればいいのですが、着替《きが》えを済ませた養父は、「それにしてもあの子は絵が上手やな」、「〇〇ちゃんは書道《しょどう》が上手やな」といいます。

ただそれだけのことですが、私はそういう養父の言葉を聞くたびに、「お寺はイヤだ」と思いました。

住職《じゅうしょく》でなかったら、多くの家の座敷《ざしき》まで上がることがないだろうし、同年代の子の絵や書道も見ないだろうし、こんなことは言われることはないでしょう。

寺に生まれたがゆえに、嫌な思い（同年代の人と批べられる）をすると、泣きたくなることもありました。

私は養父の言葉が嫌だったのは、常に私を同年代の子と比べられているという思いです。絵や書道の上手な子に比べられたら、私はいつも敗者《はいしゃ》です。それがたまらなかったのです。

私は、養父に悪意があったなどと思ったことはありません。悪意どころか善意の親心で言っているのは、よくわかっているのですが、比べられていると思うとたまらなかったのです。私が少し僻《ひが》みっぽいのでしょうか。

私は、他の子と比べられることが一番嫌いな人間として育ちました。

だから、他の人を誰かと比べないようにしよう。その人を、その人と見る人間でありたいと思ってきました。しかし、これがなかなか難《むずか》しいことです。

わが娘、息子を見るときに、つい友人の娘さんはどうのとか、近所の息子さんはいい子だとなるのです。
わが子すら、知らず知らずのうちに他と比べているのです。
自分が一番嫌なことを、無意識にわが子にしているのです。すくいようのない私です。

花《か》・鳥《ちょう》・風《ふう》・月《げつ》

私たちの先人は、季節の移り変わりを身で受けとめ、その時その季節の花を愛《め》で、鳥の声に耳を傾けてきました。いや、風の吹くさま、月の姿をも楽しむ心をもっていました。

今の私たちに、ゆったりと花を見、鳥の声を聞き、風の音に心動かされ、月の満ち欠けに、月日の過ぎるのを味わう心があるでしょうか。

世の中の移り変わりの速さ、次々と出る新製品《しんせいひん》を追う日暮《ひぐ》らしの中で花・鳥・風・月なんて言っておれば、敗者になるという強迫観念《きょうはくかんねん》に追いかけられ、息を切らされる日々を送っているのではないでしょうか。

勝者・敗者、上位・下位、一番二番と評価される世の中で、私たちは、花を見ても、どの花は上、あの花は下という見方しかできなくなっているのではないでしょうか。

花も、鳥も、他の花や鳥と比べて、良い悪いと無意識のうちに見えてしまう自分に気づくとき、言いようのない悲しさを覚えます。

同じ空気の動きである風や、同じ月を見るのにも優劣《ゆうれつ》をつけてしか感じられない私は、どう考えても異常なのですが、なかなかそのことにも気づかずに年月を重ねてきました。

世界的な数学者であった岡潔先生《おかきよしせんせい》（一九〇一～一九七八）は、

春《はる》の野《の》のすみれは、ただすみれのように咲《さ》けばよい　『人間《にんげん》の記録《きろく》』

と、いわれました。私は若い頃大いに刺激《しげき》を受けた先生です。私はこの言葉に感動しました。

どの花も、その花のように咲けばいいのです。どの鳥も、その鳥のように鳴けばいいのです。他と比べることもなければ、比べられることもないのです。風も、「微風吹動《みふうすいどう》」（『大経《だいきょう》』）もいい、「天上大風《てんじょうたいふう》」（良寛《りょうかん》）もいいのです。月も真ん丸もいい、欠けた月も趣《おもむき》があっていいのです。

如実知見《にょじつちけん》

「如実知見《にょじつちけん》」とは、「あるがままに見る」ということです。仏教では、すべてのものを「あるがままに見る」目をなによりも大切にします。

「あるがままに見る」ためには、自分の都合や好き嫌いという自分の「ものさし」で上《じょう》・下《げ》・優《ゆう》・劣《れつ》・是《ぜ》・非《ひ》、等《など》の「分別《ふんべつ》」（わけへだて）をしないことです。「分別」しないものの見方を、「無分別智《むふんべつち》」といい、お釈迦さまに真の目覚めをもたらした智慧《ちえ》のことです。

智慧によって、自分をありのままに知り、自分が今・ここに生きている背景《はいけい》である法《ほう》（縁起《えんぎ》の法則《ほうそく》・自然《しぜん》の法則《ほうそく》）を知ることができるのです。逆に言えば法を知ることにより、自分のありのままの姿もわかるのです。

私たちは、他と比べて自分を知る習性《しゅうせい》が身についています。だから他の人を誰かと比べてしか見れないのです。

智慧《ちえ》を身に獲得《ぎゃくとく》されたお釈迦さまの教えを聞き続けることにより、私たちにも「ありのままにものを見る」目をいただく道が開けるのです。

私が、なにより願っていることは、比べたり、比べられたりの中で生きたくない。私は、私としてありのままに見て欲しいということです。

「素晴らしい」と言ってくだされば「ありがとう」と、お礼をいい、「つまらん」と言われれば「お恥しいことです」と、頭の下がる私として生きたい。

第二部 随想

（二〇〇三年～二〇一五年）

一、「他力本願」で伝わるか

何年かに一度繰り返される問題に「他力本願」の誤用ということがあります。昨年も五月十六日の全国紙四紙にオリンパス光学工業が「他力本願から抜けだそう」という広告を出しました。

どういう意味で「他力本願から抜けだそう」という広告を出したのかというと、この広告を製作した株式会社電通が、「本願寺新報」の六月十四日号に、

「元気で若々しく、活気のある会社」に変わることを表現するべく当社が製作させていただきました。

この度、ご指摘いただきました広告コピーの一部にあります「他力本願」

につきましては、俗にいうところの「もっぱら他人の力をあてにすること」とし表現したものであり、他意は全くございませんでした。

と、お詫びの文章を掲載しました。

このお詫びの文章で鮮明なことは、世間一般では「他力本願」とは「元気がなく、若々しさがなく、活気がなく」さらに、「もっぱら他人の力をあてにする」あり方を表現する言葉というか、生き方を示す言葉として使われているということです。

こういう世間一般の認識に対して、

親鸞聖人は「他力というは、如来の本願力なり」と示され、また「他力本願」と同じ意味に使われるように、「他力とはすなわち本願力のはたらき」

であり、「本願力のはたらきは他力」と表されるのです。
ここで明らかにしておかなければならないのは「本願」という言葉です。「本願」とは、私たちの欲望を満たすような願いというのではありません。阿弥陀如来の根本の願いとして「あらゆる人々に、南無阿弥陀仏を信じさせ、称えさせて浄土に往生せしめよう」と誓われた願いのことです。

（本願寺新報六月十日号）

というのが、教学研究所の名で広く本来の意味を理解していただくために出された、本願寺の見解です。
この文章を世間一般の人が読んで理解できるでしょうか。いや、み教えを聞いている門信徒の方でも、この文章で「他力本願」の本当の意味がよくわかるでしょうか。

「こういえば間違いない」という公式的な表現が、いかに世間では通用しない空回りの表現であるかということは明白です。

私は、昨年、『わかりやすい宇宙の話』という本を読みました。小中学生にもわかるようなやさしい言葉で書かれた本です。読めば書かれている言葉はよくわかるのです。しかし書かれている内容が、もうひとつ「わかったような」、「わからないような」、頭の中でボーッとして具体的にイメージできません。

ということは、結局よくわからないということです。

書いてくださった先生は、できるだけわかりやすくと懇切丁寧に書いてくださっているのですが、今まで宇宙のことを学んだことがない者には、「わかったような」、「わからないような」、受け止めしかできません。

お念仏のご縁をいただいた私たちが、元気で、若々しく、活気ある自立した生き方で、「他力本願」の教えに遇った溌剌とした姿を見てもらうことです。

僧侶の生き方で、寺院のあり方で、門信徒の日びの生活で、「他力本願」の本当の意味を伝えることが、何より大切ではないでしょうか。

（二〇〇三年）

二、「身」で生きる

人身受け難し、今已に受く、
仏法聞き難し、今已に聞く。
この身今生に向かって度せずんば、
さらにいずれの生に向かってかこの身を度せん。

法座や研修会のはじめに講師が独誦する「礼讃文」（三帰依文）の冒頭の言葉です。こんな短い言葉の中に「身」という字が三回も出てきます。
人間に生まれることは稀なことで滅多にないことであるということを、わざわざ人の「身」を受けることは難しいとあり、この「身」が、仏法を聞くこともなくこのままで終わっては、この世に生を受けた意味がないというお言葉です。

おのおの十余箇国のさかひをこえて、身命をかへりみずして、たづねきたらしめたまふ御こころざし、ひとへに往生極楽のみちを問ひきかんがためなり。

唯円さまが、親鸞さまのお言葉を書き残してくださった『歎異抄』第二条の冒頭のお言葉です。ここも、「命がけで」というところをわざわざ「身命をかへりみずして」と、「身」が強調されています。

また、同じ第二条の終わりには、「愚身の信心におきてはかくのごとし」と、「私の信心は」というところを、わざわざ「愚身の信心」と、「愚心」でなく「愚身」と「身」を強調されます。

この「身」を問題にし、この「身」を受けた意味がどこにあるのかを明らかにしていくところに仏道があるのです。

「この身今生に向かって度す」ことこそが、この「身」をいただいた意味なのです。

「度す」とは、生死流転（迷い）をつづけてきたわが「いのち」が、さとりの「いのち」に転じることです。「度」とは、まよいの世界から、さとりの世界にわたる（渡）ということです。

「この身」を受けたということは、まよいからさとりに「いのち」を転ずるというか、わたるチャンスをいただいたということです。

人身を受けた有難さも、仏法を聞く有難さも、「この身今生に向かって度す」るチャンスを生かさなかったら、言葉だけの糠《ぬか》よろこびに終わります。

また、この二度と再び巡ってくるかどうかわからない「いのち」にとって一番大事（一大事）なチャンスを生かすことができなかったら、どれほどこの世で世間的成功をしても、それは文字通り「空しい」人生なのです。
「度す」ということを言葉を変えれば「往生極楽のみち」を歩むということですから、「礼讃文」のお言葉も、『歎異抄』のお言葉も、同じ趣旨を明らかにされたものといえます。

仏教に力がなくなったという発言をたびたび聞きますが、どうして力を失ったか、明確に教えてくださる人に遇ったことがありません。
私は「身」を忘れてきたところに、仏教が力を失ってきた原因があるとずいぶん以前から、思っていましたが、やっぱりそうだったのかと意を強くしたのは、今、ベストセラーの養老孟司氏の『バカの壁』を読んだことにあります。

戦後、我々が考えなくなったことの一つが『身体』の問題です。『身体』

を忘れて脳だけで動くようになってしまった。

と、あります。

私たちの聴聞も「身体」を忘れて、脳だけで聞いてきたから、パワーを失ったのです。

「身体」は「脳」ほど、ものを簡単には覚えませんから、ひとつことを繰り返し、繰り返し聞くしかないのです。

そして、いったん「身」につくと並大抵のことで抜けることはありません。

（二〇〇四年）

三、「唯我独尊」のこころ

広島は、毎年八月六日は熱くなります。いうまでもなく、六十年前の八月六日午前八時十五分に広島は、歴史上はじめての原爆に、破壊し尽くされました。それは「七十五年間は草木も生えぬ」といわれる大被害でした。

その日のことを思い、人類の未来を考えるとき、私たちの胸に言葉にならない熱いものがよみがえってきます。

それは、広島県人だけでなく、全世界の平和を願う人びとの思いです。

八月六日の平和祈念式典のハイライトは、総理大臣の挨拶でもなく、国連事務総長の挨拶でもありません。それは広島市長の読み上げる「平和宣言」です。

この平和宣言には、日本人だけでなく、全世界の人が注視しています。その平和宣言に、こともあろうに、米国政府を批判するのに「唯我独尊主義」という言葉が使われようとしたのです。

「唯我独尊」とは、仏教を開いてくださった釈尊の誕生の折に述べられたお言葉として、全世界の仏教徒が大切に大切にしてきたお言葉です。

この「唯我独尊」という言葉は、孫悟空で有名な玄奘三蔵の『西遊記』の「誕生偈」に、「天上天下唯我独尊、今茲而往生分已尽」とあります。これは、

一切の世界の中で、自分は一番尊いものである。それは今ここに生まれてきたが、これが迷いの世界での最後の生であり、再び迷界に流転しないからである。

という意味で、尊いのは、「再び迷いの世界を流転しないからである」といわれ

ているのです。それは、決して自分一人だけがすぐれているという、ひとりよがりな意味ではありません。

『仏本行集経』巻一には、

我世間において最も殊勝たり、如来仏道を成じ得おわる。一切の世間、諸天及び人、ことごとく皆尊重し恭敬して承事す。……我生死を断ず、是れは最後なり、如来仏道を成じえおわる。

とあり、迷いを離れ、真実をさとる故に尊いといわれているのです。

その言葉の前後を捨てて、その中の一言半句をとりだして、自分の思い込みで、本来の意味と全く違った言葉として使われてはたまったものではありません。

また『修行本起経』には、「天上天下唯我為尊、三界皆苦吾当安之」とあり、

「尊」の意味は、「苦しむ衆生を安ずる」ところにあると示されています。

ですから、「独尊」にしても「為尊」にしても、「さとりを開き、他の人の苦悩を除く」ことをもって「尊」としているのです。

他の国の人を苦しめ、多くの人びとを悲しみに追いやるような国家の行為を言うのに「唯我独尊」という言葉は決して使うべきではありません。

世界の人が注視する「広島平和宣言」で、その大切な言葉が使われようとしたのを、八月五日の新聞で知ったとき、私は言いようのない悲しみと無力感におそわれました。

しかし、そのことに気づいた本願寺派安芸教区の僧侶の方々が、撤回を求める文書を市長に送って抗議してくださったおかげで、当日の「平和宣言」は、「米国の唯我独尊主義はその極に達しています」というところが、「米国の自己中心主義はその極に達しています」と変えられました。

広島市の平和推進担当課長は、抗議を受けたとき「唯我独尊は、独り善がりという意味で社会に広く使われており、辞書にもそう載っている」と強弁されたようです。しかし、辞書の第二の意味に載っているからといって使ってしまったら、多くの仏教徒を悲しみにつきおとす結果になることに気づいていただけたのだと思います。

他の人を、たとえ少数であっても大切にする心を失ったとき、平和は絵に描いた餅になるのではないでしょうか。

今回の出来事を通して、さまざまな仏教の大切な言葉が誤用されることに対し、私たちは、正しいみ教えを伝えていくことの大切さを改めて実感しました。

（二〇〇五年）

四、心にまかせ、身を亡ぼす

仏教は、「心の宗教」でなく、「身の宗教」なのです。宗教というと、心の問題という理解が、多くの人の心に蔓延しています。その証拠に、新聞の宗教欄には「こころ」という言葉が多く使われています。たとえば朝日新聞は「こころのページ」といっていますし、地元の中国新聞は「洗心」といっています。

心を大切に、心の持ち方を指導するのが宗教ではないのです。いや、少なくとも浄土真宗はそのような教えではありません。

立派な立派な心の持ち主ばかりなら、心を大切にすればいいのですが、私たちの心は、知れば、知るほどお粗末なものであり、手に負えないものです。

親鸞聖人は、真実にあって知らされた我が身のあり方を、

浄土真宗に帰すれども
真実の心はありがたし
虚仮不実のわが身にて
清浄の心もさらになし
（愚禿悲歎述懐）

と悲しまれ、さらにつづいて「貪瞋邪偽おほきゆゑ　奸詐ももはし身にみてり」とか、「悪性さらにやめがたし　こころは蛇蝎のごとくなり」と嘆じられています。

また『一念多念証文』で、

凡夫といふは、無明煩悩われらが身にみちみちて、欲もおほく、いかり、はらだち、そねみ、ねたむこころおほくひまなくして、臨終の一念にいたるま

で、とどまらず、きえず、たえず

と、明かされます。

このような私たちの心を、無条件で大切にするのは危険すぎます。

仏教は、「人身受け難し、今、すでに受く」という事実からはじまるのです。受け難い人身を受けたのだから、その「身」を本当に大切にしようというのが、仏教なのです。

また、「この身」は、沢山沢山の「いのち」を犠牲にし、数限りない「いのち」や物質に支えられて、今、ここに存在しているのです。

縁起の教えを学べば学ぶほど、「この身」が今ここに存在することの有難さを思わずにはおれません。その身を粗末にしたら、文字通り「勿体ない」ことです。

「この身」を本当に大切にしなかったら、「わが身」のために犠牲になってくださった「いのち」に申し訳ないことです。

「この身」を生かしてくださるすべての「いのち」や「もの」に顔向けできません。「この身」を本当に大切にすることが、何よりも大切なのです。

では、「この身」を大切にするには、どうすればいいのでしょうか、そのことを教えてくださる教えが、仏教なのです。

「この身」を大切にしようと思ったら、まずわがまま勝手な「蛇蝎（へび・さそり）のごとき」わが心の言いなりにならないことです。

釈尊のお言葉を集めた『ダンマパダ』に、

心は捉え難く、軽々とざわめき、欲するがままにおもむく。その心をおさめとることは善いことである。心をおさめたならば安楽をもたらす。

心は、極めて見難く、極めて微妙であり、欲するがままにおもむく。英知のある人は心を守れかし。心を守ったならば、安楽をもたらす。

と、説かれています。

親鸞聖人は、「悪人正機」（悪人・凡夫こそ救いのお目当て）の教えを、何をしてもいい教えと受け止めた関東の一部の同行に、

いかにもこころのままにてあるべしと申しあうて候ふらんこそ、かへすがへす不便《ふびん》におぼえ候へ。（『親鸞聖人御消息』）

と、悲しまれています。不便《ふびん》とは、「あわれむべきさま。かわいそうなさま」（『旺文社古語辞典』）という意味です。

さらに、蓮如上人は「我が心にまかせずして、心を責めよ」（『蓮如上人御一代記

聞書』）とまでご注意くださっています。

仏教は「心をおさめ、心を守る」ことによって、この身を大切に生きる教えです。

「心をおさめ、心を守る」ことを忘れて、身を亡ぼす人が増えています。

バブルの時代、奈良薬師寺の高田好胤師は、日本は「物で栄えて、心で亡ぶ」といいました。

私は、現代は「心にまかせて、身が亡ぶ」時代だと思います。今一度、仏教が何を教えているのか、謙虚に学ばせていただきたいものです。

（二〇〇六年）

五、仏法を「あるじ」とせよ

最近、新聞の三面を見るのが恐ろしくなりました。そこには毎日のように今まで考えられなかったような恐ろしい記事が目に飛び込んできます。親が子を殺し、子が親を殺す、という悲惨な記事を目にしない日の方が少ないぐらいです。

テレビを見ると、親に殺されたあどけない幼児の姿が繰り返し目に入ってきます。私はその幼児の無邪気に遊ぶ姿を正視できなくて、テレビのスイッチをあわてて切ることがあります。

どうして、人間はこんな悲惨なことをするようになってしまったのでしょうか。昔にも、親が子を殺し、子が親を殺す事件がなかったわけではありません。しかし、そこには、やむにやまれぬ問題があり、なんとなくそういう結果にならざるを得なかった理由に同情できるものがありました。

ところが、今起こっている悲しい出来事には、同情できる要素など皆無です。『観無量寿経』に説かれる王舎城の悲劇にしても、決してそれを是と認めることはできなくても、そのような結果を招く過程に、ある程度理解することはできます。

父王を殺して王の位についたアジャセ大王の苦悩、そのことを実行するまでの大王の葛藤は並大抵のものではありません。

又、殺された父王も、その結果をやむを得ないこととして自身の内に受け止め、逆に大王の将来を案じる様子もそこには見受けられます。

その大王が母である前王妃に危害を加えようとしたとき、近くにいた取り巻きの人たちが必死の思いでとどめますし、大王も思いとどまります。

そんな王舎城の悲劇に、人間の悲しいあり方を聞いてきた私にとって、今起こっている事件をどう受け止めればいいか、そこには戸惑いしかありません。

今、私は札幌のホテルの十階の部屋から雄大な北海道の景色を見ながら、北海道の稚内市の病院臨時職員の女性（四十六）が自宅で刺殺された事件の記事をぼんやりと読んでいます。

殺害を友人（十五歳）に依頼した長男（十六歳）が弁護士にした話は、「どうしてこういうことをしてしまったんだろう」とか、「親友の彼は今頃楽しく生活していたはずなのに、巻き込んでしまい申し訳ない」などです。

共犯の少年は、弁護士に「やめろよ」と止めなかったし、「誰にも相談しなかった」と話しています。

その様子から、弁護士は「（犯行の動機）はお金以外のことが大きいと見ている。ただ（なぜ犯行に及んだか）少年自身も理解できていないようだった」と語っています。

戦後、特に自分を大切にするとは、「自分の心を大切に」することだという風潮の強い中で、「心のブレーキ」を失った人間が多くなっているのです。

事件を起こした当事者自身が理解できない事件が増えている一因は「自分の心を大切に」して「心のブレーキ」を失っているところにあるのではないかと、私は感じています。

「心の主《あるじ》になるとも、心を主《あるじ》とするな」とご注意くださったお釈尊さま、「仏法を主《あるじ》とせよ」と言われた蓮如上人のお言葉が、今ほど大切な時代はないでしょうか。

（二〇〇七年）

六、親鸞聖人のねがい

京都の本願寺では、親鸞聖人七百五十回大会《だいえ》（「忌」には、「きらう・にくむ・さける・はばかる・うらむ」の意があるので私は使わない）の準備も着々とすすんでいるようです。

新しい建物が建ち、沢山の人が集まるだけで、親鸞聖人七百五十回大会が終わるようでは、何かさみしい思いがします。

大会《だいえ》を迎えるにあたって、改めて親鸞聖人はどういう方であったかを、親鸞聖人のお流れをくむ一人一人が、真剣に考えてみることが大切ではないでしょうか。

親鸞聖人の人格形成に、大きな影響を与えたのは、何といっても、九歳から二十九歳までおられた、比叡山での二十年の生活です。

比叡山は、今風にいえば、小学校から大学院までの一貫教育の仏教総合学園です。

そこで目指された教育の中心は、大乗菩薩道精神でした。大乗とは、すべての「いのち」が等しくすくわれていく仏教であり、一切の「いのち」を選別することのない教えです。

菩薩とは、「上求菩提《じょうぐぼだい》、下化衆生《げけしゅじょう》」の道を歩むものです。

「上求菩提」とは、自らさとりを求めるということです。

「下化衆生」とは、生きとし生くるものに「すくい」のよろこびをとどけていこうということです。

さとりを求める営みが「智慧」であり、そのすくいをとどける営みが「慈悲」であり、「方便」（はたらきかけ）です。

生かされている「いのち」の実体を如実に知る「智慧」によって、私たちは

「遠く我心を離れる」ことができるのです。

「遠く我心を離れる」ことによって、他の「いのち」を、自分の「いのち」と同じように大切にしていく生き方ができるのです。

比叡山を開いてくださった伝教大師最澄は、その著『山家学生式《さんげがくしょうしき》』の中で、「忘己利他《もうこりた》、慈悲の極み」と教えてくださいました。

親鸞聖人のご一生を通して貫《つらぬ》かれている精神は、まさにこの「忘己利他」の「慈悲」の心であったと思います。

そのことを、奥さまの残してくださったお手紙『恵信尼消息』第三通にある五十九歳の出来事を通して味わわせていただいています。

聖人五十九歳の折、お風邪を召され、高熱を出された時のご様子が記されています。

その中で、『浄土三部経』を読誦して、「衆生利益」（すべての人の真の幸せ）を願われたありさまを述べられています。

四日目の暁に「まはさてあらん」のお言葉とともにご回復されたのち、「念仏の信心よりほかにはなにごとか心にかかるべきと思ひて」三部経読誦を止められたことが、記されています。

このことから明らかになるのは、親鸞さまは、高熱の中でも「衆生利益」を願いつづけられた人であったことです。三部経読誦は止められましたが、「衆生利益」の思いを捨てられた訳ではありません。

この「衆生利益」のお心こそ、比叡山で身につけられた「忘己利他」の「慈悲」の精神にほかなりません。

浄土真宗本願寺派（お西）の最高法規である『宗法』に、この「衆生利益」を「人類の永遠の福祉」という言葉で示されています。

そのことを「念仏の信心」によって、実現しようとされたのが親鸞聖人でありました。

やはり『宗法』に「念仏の信心」を「他力信仰の本義の開顕」という言葉で示されています。

比叡の山で「身」につけられた「忘己利他」の「慈悲」の実践が、「衆生利益」の道であり、「人類永遠の福祉に貢献する」営《いとな》みとして、現在の宗門に、言葉の上では受け継がれています。

しかし、このことを宗門の流れをくむものが、どれだけ認識していることでしょうか。心もとなく思います。

このたびの親鸞聖人七百五十回大会は、宗門の流れをくむもの一人一人が、そのことを確認し、心新たにさせていただく大事な法要として迎えたいものです。

「人類永遠の福祉」とは、「すべての人の変ることのない幸せ」ということです。

人間の一番不幸なあり方は、世界に一つしかない、せっかく頂いた「身」を、迷い（生死輪廻・生死流転）の中で過ごすことです。

多くの人は、世渡りをしているつもりで、結果として、流転輪廻の日暮らしで明け暮れているのではないでしょうか。

周りの人の言葉に流され、日のよしあし等に流されて、転びつづける人も多くいます。「空《むな》しく過《す》ぐる」人生です。

また、「もの（金）」にこだわって、それらに引きずられて生きている人の多い世の中です。

さらに言いますと、わがまま勝手な自己中心の心（煩悩）にふりまわされて、せっかく頂いた身を台無しにしている人も多い今日このごろです。そのようなあり方を流転輪廻といいます。

この流転輪廻のあり方を仏教では「生死」（まよい）といいます。

「すべての人の変ることのない幸せ」とは、この生死のあり方から出、離れること（出離《しゅつり》）です。

すなわち、すべての人が「生死出離」によって、変ることのない幸せを得ることができるのです。

この「生死出離」が、「念仏の信心」によって実現するという教えを、九十年の生涯を通して示してくださったのが、親鸞聖人でありました。

「念仏の信心」とは「どのようなことがあっても、あなたを見捨てることがない」と、私たちの口を使って、私たちによびかけてくださる阿弥陀仏の喚び声「南無阿弥陀仏」に遇《あ》うことです。

「南無阿弥陀仏」の喚び声によって遇うことのできた確かな阿弥陀如来のお心をよりどころに、ゆるぎない人生をたまわることが「本当の幸せ」です。

（二〇〇八年）

七、一人では生きれない

仏教では「いのち」を「身命」と書きます。この世を生きる間、私たちにとって「いのち」は、「この身《み》」以外にありません。

「身」即「命」なのです。

私がこの世に「この身」を頂いたのは、一九四一年の七月です。それから半年後の十二月に日本は真珠湾攻撃によって、アメリカをはじめ多くの国との戦争に突入いたしました。

戦争が終わったとき、私は四歳でした。私の生まれた大阪のお寺は、跡形もなく、母と養父がお寺の再建に苦労していました。

私の記憶は全く物のない貧しい時代から始まっています。食べる物も、おいしいとか、まずいとか、文句など言える時代ではありませんでした。衣・食・住の、すべてに恵まれない時代でした。

それに比べ、現代は、衣・食・住のすべての面で、恵まれた時代です。けれども、決して今が幸せな時代だとは思いません。

物のない時代は、辛く、厳しいものでしたが、決して不幸であったとは思いません。

物のない時代でしたが、あたたかい人間関係があり、他の人を思いやるやさしい社会がありました。

隣近所の人が、互いに声をかけ合い、少しのものでも分かち合う社会であり、お互いに、隣人が身内以上に思いやる人間関係がありました。

そんな中で育った幼少年時代を、私は不幸な時代だとは思えないのです。

今のように物に恵まれ、欲しい物は何でも手に入る時代になりましたが、隣人が互いに声かけ合い、助け合うことの少ない時代の方が、何か淋しく、不幸な時代のような気がします。

現代ほど精神を病む人が多く、また、自死する人が多い時代を幸せな世とは、いえないでしょう。

平成十年以降この十年間自死する人は毎年三万二千人を下らないそうです。年三万二千人を日に割ると、一日九十人近い人が、せっかくこの世に「身」（いのち）を恵まれながら、自らその「いのち」を断っていくのです。

それぞれ、いうにいえない事情があってのことでしょうが、何とも悲しいことです。

また、誰にも見護られずに、この身を終わっていく人が、年間三万人いるというニュースをテレビで見ました。年三万人ということは、一日に換算すると八十人余りおられることになります。

「独生独死独去独来」(『無量寿経』)とありますように、人は「世間愛欲の中で」一人になってしまうのです。生まれた時には多くの人に祝福された「身」が、死ぬ時は誰にも知られずに、「この身」を終わっていくのです。あまりにも淋しいことです。

現代のような淋しい、悲しい時代になった原因がどこにあるのでしょうか。

私は、お金に恵まれ、物に恵まれた結果、現代の多くの人が、お金と物さえあれば、他の人の世話にならなくても、一人で生きれると思い違いしたところに原因のひとつがあると思います。

若い時、健康な時、人生が順調にいっている時等、私たちは他の人のお世話にならなくても生きていけると勘違いするのです。

人生は、いつまでも若くて、元気で順調な時ばかりではありません。

お釈迦さまは、この世を「娑婆《しゃば》」(堪忍《かんにん》の土《ど》)と教え、色んなことに堪え忍んで生きなければならない世であると示されました。また「人生は苦である」とも教えてくださいました。

「この身」に色んなことが起こった時に、一人では堪えられないことが多くあります。人生には、お金や物だけでは、解決できない問題もあるのです。

そのような問題に出会った時、相談にのってくれる人、力になってくれる人がいないと、堪えきれなくなって、自死にまで至ることになるのでしょう。

秋葉原で事件を起こした青年は、「僕は一人だ」といっていました。

本当は一人ではなかった筈です。どのような関係であったか知りませんが、父も母も、祖父母もいた筈です。

お釈迦さまが教えてくださったのは、どのようなことがあっても、「この身」を支えてくださる方《かた》のあることです。

それを「法」（則）といわれたのです。その「法」に遇うことが、この身にとって一番大切《たいせつ》なこと（一大事）です。

（二〇〇九年）

八、もちつもたれつ

現代人ほど、狭い世界に生きている者はいないと思います。

少なくとも私たちの先人は、初めて出会った人であっても、何かの事情で別れることになった人（袖振り合った人）でも関係ない人はいなかったのです。

きっと、生まれてくる前（前生）か、もっと先（前々生）に、何度も（多生）ご縁のあった人だと受けとめてきました。

一方現代人は、何十年もの間、近隣に住んでいても、直接自身の利害に関わらない人を、関係ない人と、シャットアウトして平気です。

親でも意見が合わなくて、離れて住んでいれば、関係ない人になっているようです。

自分一人の世界に閉じこもって生きているから、人生が思うようにいかなくなったり、人生の歯車が少しかみ合わなくなると、周りの人を巻き込んで、考えられないような恐ろしい事件を起こします。

事件を起こす寸前に、自分がこんなことをしたら、親はどんな辛い立場になるか、ご縁のあった人がどんなに心を痛めるか等、ご縁のあった人が、一人でも二人でも頭をよぎれば、少しはブレーキが利《き》くはずです。

そのような時に、頭に浮かぶ人が、誰一人としていないという悲しい事実が、一昨年東京の秋葉原で事件を起こした青年の「僕は一人、誰も止めてくれる人がいない」という言葉に端的に示されています。

人は貧しい時、教えられなくても、助け合い、支え合っていかなければ生きられないことを知っていました。

豊かになると、そのようなことが忘れられてしまうのでしょう。

お釈迦さまが教えてくださったことは、「いのち」は、どのような状況の中でも、他の「いのち」とのつながり（縁）なしには生きれないということです。

もっといいますと、すべての「いのち」は、私たちの想像を絶するような広い世界の、ありとあらゆるものとのつながり（縁）の中で、生かされて、生きているのです。

他の「いのち」や「もの」は、常に私たちにとって、都合のいいものばかりではありません。

それは同じ「いのち」であっても、また「もの」であっても、自分にとって都合がいいと思う時もあれば、都合が悪いと思うこともあります。

それは、自分の小さな思いを尺度にすればするほど、多く感じることでしょう。

私たちが生きているのは、自分にとって都合のいいものの中だけで生きているわけではありません。

時には、自分にとって都合の悪いと思うものにも支えられて生きているのです。先人は、何かあると、「関係ない、関係ない」等と言わず、「すべてのものは、もちつもたれつ」だと言ってきました。

これは、きっとお釈迦さまの教えによって育まれたものの見方であり、考え方であったと思います。

現代のように、何かあると自分の利害だけで「関係ない、関係ない」と周りをシャットアウトして、小さな小さな世界に閉じこもり、人生が思うようにいかなくなると、自ら窒息しかねない状況にあります。

お釈迦さまの教えてくださった広い「いのち」のつながりの世界を学ぶことが、今の私たちにとって何より大切です。

（二〇一〇年）

九、「縁」あって生きる

つぎから、つぎと新しい便利な商品が出てきます。私は新製品のコマーシャルをみるたびに「タメ息」が出てきます。

もう、私のような古い人間の生きる時代ではなくなったなと思わずにはおれません。

しかし、「待てよ」とも思います。便利のいい新しいものの中で、今の人間は生きることのよろこびを味わっているのかな、どうなのかなと思うのです。

新しいものについていけない、どんなに便利な商品が提供されても、使えない古い人間だけれど、今の時代を謳歌する人に、伝え残しておかなければならない「大切なこと」があるということに思いがいたったのです。

これは、そう簡単に「お先に」と、この世を去るわけにはいかないぞとも思います。

素晴らしい製品、多くのものに囲まれて、今、私たちは「この身」を生きる上で、一番大切なものを見失っていると思います。

それは一言でいえば「いのち」のつながりです。仏さまの教えでいえば「縁」ということです。

人間が生きていく上で、「もの」も大切です。便利なすぐれた製品に恵まれることはありがたいことです。

しかし、それらがどれだけ豊富にあり、それらに多重に囲まれていても、人間は「いのち」のつながり「縁」を見失って「一人ぼっち」になったら、普段、強いはずの人でも、生きれなくなります。

「一人」になって、生きれなくなった状況の中で、起きる悲しい恐ろしい事件を、テレビで見ない日、新聞で目にしない日は皆無です。

具体的な事件をあげなくても、皆さんにも、それぞれに脳裏から消えない事件があると思います。

仏さまの教えは、常に「いのち」のつながり「縁」に立って、かけがえのない一人ひとりが、いただいた「身」を大切に生きようというものです。

（二〇一一年）

十、時の流れと言葉

言葉は、生きている人間が使うのですから生きものです。時代によって変わり、地域によって変わり、使う人の年齢や経験によっても変わります。

だから同じ言葉でも、使う人により内容が少しずつ違い、時には、同じ言葉でも使う人によって違和感さえ覚えます。

私も、時には自分の「身」についていない、「身」にふさわしくない言葉を使って、自身を恥じ入ることがあります。

そこで私がこのごろ心がけていることは、永遠性をもつみ教えを語るときに、あまり時代というか、世の中でもてはやされる言葉を使わないようにしているのです。

「癒す」という言葉が流行ると、法話でも、やたらと「癒す」という言葉が使われ、「寄り添う」という言葉を使う人が多くなれば、僧侶も「寄り添う」を盛んに語ります。

「絆」という言葉を多く耳にするようになると、「絆」・「絆」と言います。

お釈迦さまが教えてくださった「縁」を大切にすればいいと思います。

仏教が、どういう教えかわからなくなります。仏教は、「仏陀」の教えであり、「仏陀」になる教えです。

「仏陀」とは「覚者」という言葉であり、「目覚めた方」ということです。

「目覚めた方」の教えに遇って、私たちも「目覚めた身」として生きる人間になろうというのが、仏教です。

何に「目覚める」のか、それは今ここにある「この身」と「この身」を現に存在せしめる「法」(則)です。

「法話」（布教）とは、一人ひとりが仏陀の「目覚める」た「法」を、自分の「身」に頂いた言葉で「語る」という営みです。
一人ひとりが、「癒す人」・「癒される人」・「寄り添う人」・「寄り添われる人」・人間だけの「絆」という垣根を越えて、世界中の御同朋御同行に、「仏の法」・「仏の光」・「この身の事実」をお話するのでなく、「身」で「語る」「お取《と》り次《つぎ》」が大切です。

（二〇一二年）

十一、お寺で一番大事なこと

一昨年は多くの門信徒・僧侶の方の参拝でにぎにぎしく親鸞聖人七五〇回大会《だいえ》が本願寺（お西）で勤まりました。

ご門主さま・新門さまは東北大震災で被災された多くのみなさんのことを心配され、毎座ごと、お話に多くの時間をさかれました。

私は、多くの方のことを気にかけご心配くださるご門主（光真さま）の話を聞かせていただきながら、五十二年前の七百回大会のことを思い出していました。龍谷大学の学生（十九歳）として毎日お手伝にいき、前門主（光照さま）のお言葉を、毎日御堂の隅で聞いていました。

前門主さまは大会《だいえ》御満座（最後の法座）のお言葉で、

これからは名ばかりの門徒、形ばかりの僧侶、慣習のみでつながっている門信徒と寺院ではいけないのではないか。

と、言われました。毎日聞く前門さまの言葉に「耳なれ雀」になっていた私は驚きました。「ご門主はなんと厳しいことを言はれるのだろう」と思いました。

この前門さまのお言葉を踏まえて、本願寺派では「門信徒会運動」がはじまりました。運動がはじまった時のスローガンは、「あなたのお寺を強くしよう」でした。

このスローガンが、経済的な面だけで受けとめた僧侶・門信徒が多かったのです。日本はまだまだ貧しい時代でしたから、お寺の経済も厳しかったのです。

だから、「お寺を強く」というと「お金」のことが、まず頭に浮かぶのはやむをえないことだったのでしょう。

それが、五十年前と比較にならない現代でも「お寺を強く」というと「お金」が頭に浮かんでくる僧侶・寺族・門信徒が多いようです。そのことは五十年たってもあまり変っていないようです。

昨年（二〇一二年）の八月二十一日の「中外日報」という宗教新聞で読みました。『未来の住職塾』の松本紹圭塾長は、「お寺の経営戦略を指導する塾」と多くの人が誤解しましたが、一番考えてほしいのは「あなたのお寺に仏教はありますか？」ということだと記しています。

もう今更そんなことをと思われるかも知れませんが、「浄土真宗の門信徒に仏教はとどいていますか」、「浄土真宗の僧侶・寺族の身に仏教が正しく受けとめられていますか」、「門信徒と寺院のつながりの中に仏教は生きていますか」と個々が問いかけつづける営みが、私は本願寺派の運動だと思っています。（二〇一三年）

十二、死と往生と信心

私たち浄土真宗本願寺派（お西）の僧侶が一番多く声に出して読誦すのは、親鸞さまの『お正信偈』と、蓮如さんの『御文章』だと思います。

私は、ご法話の最後に「お話の肝要は御文章で」と、若い頃から『御文章』の中の「聖人一流章」をいただいてきました。

それは法話の時だけでなく、多くの僧侶の方もご門徒のご法事や、お逮夜参りの勤行（おつとめ）の後も「聖人一流章」を拝読されることが多いと思います。

聖人（親鸞）一流（浄土真宗）の御勧化（おすすめ）のおもむきは、信心をもって本（根本・肝要）とせられ候ふ。（五帖第十通）

門信徒の皆さんも「よく耳にされる」ことと思います。ご年配の人は、朝・夕、お仏壇の前でおじいさん・おばあさんの拝読される声が、今も耳の底に残っていることでしょう。

私が、最近一番気になっているのは、ご法事やご葬儀の場で「信心」にふれることの少なさです。

先日も、親しい住職さんから、硬質の紙で作られた「浄土真宗の葬儀・仏壇ガイド」という立派なものを頂きました。カラーで、写真やイラストも多く、大変親切なものです。

ところが、一カ所気になったのは「遺族代表挨拶（例）」でした。

母〇〇、〇月〇日、浄土に往生いたしました。

とありました。皆さんは「故人〇〇は天国に生まれました」という人の多い中で「浄土に往生いたしました」は素晴らしく、問題はないと思いますか。
私は、このような指導を長年何の疑問もなくされてきた結果、浄土真宗では「人の死を往生」といっておけば間違いないということを、知らず知らずの間に植え込み続けてきたように思います。
その結果、現代では「死んだら往生」、いや「死即往生」に、なんの疑問ももたなくなったのでしょう。

往生浄土のためには、ただ信心をさきとす。（中略）
往生ほどの一大事、凡夫のはからふべきにあらず。
（覚如上人『執持鈔』）

と、お示しくださった先師もおられます。

親鸞さまは「信心によって、この世で間違いなく浄土に生まれることが決定した人（正定聚）は必ず、浄土に生まれ、無上涅槃のさとりをひらく（滅度）」と繰り返し、「信心なくして、往生のないこと」を明らかにしてくださいました。

でも遺族の人には「故人は、往生されましたよ」と話すと、よろこばれます。また、「往生されました」という言葉ほど「癒しになる」言葉はありませんという声も多く耳にします。

気持ちはわかりますが、私たち親鸞さまの教えに学ぶ僧侶が、情に流されて、親鸞さまはじめ多くの先師がお示しくださった「信心」を傍らにして、どれほどその場を繕っても、いつかほころびがでるでしょう。

仏教の将来は暗いものです。

私は、法事・通夜では故人の思い出を話すと共に、遺族・親族の人が、故人の死をどう受け止めるべきかを主に話します。

（二〇一四年）

十三、凡夫もいろいろ

「凡夫が信心（いのちの目覚め）ひとつで、仏（目覚めた人）になる」教えが、浄土真宗です。

だからといって、自身のお粗末さを、すべて「凡夫だから」と是認し正当化しているようでは、話になりません。

凡夫と一口にいっても、その中身はいろいろです。

㈠、無聞の凡夫（仏法を聞いたことのない凡夫）

㈡、有聞の凡夫（仏法を聞いている凡夫）

と分けることができます。

さらに、㈠の無聞の凡夫も、ⓐ、全く仏教を聞く耳をもたない凡夫（世間話は熱心に聞く）と、ⓑ、仏法を聞く縁がなく聞けなかった凡夫です。

ⓐの凡夫はよほどのことに遇えば有聞の凡夫になることがあります。

ⓑの凡夫は身近に聴聞する人がいて、誘ってあげれば有聞の凡夫になります。

この本を手にしてくださるのは、全て㊁の有聞の凡夫の方ばかりですが、有聞の凡夫も大きく二つに分かれます。

ⓒ、仏法を、知識・教養にして自身の生き方とならない凡夫。

ⓓ、仏法が身に「聞こえた」凡夫。

仏法によって、今・ここにある自身に目覚めたⓓの凡夫は、目覚めることにより「凡夫の身」を恥じ、「この身」が生かされていることを「よろこび」として生きる凡夫です。

ⓐ・ⓑ・ⓒを「凡夫の仲間（凡数の摂）」といいます。

ⓓは「正しく仏になるに決定した仲間（正定聚・必定の菩薩）」といいます。

「凡夫の仲間」の日々は「愛欲の広海に沈没し、名利の太山に迷惑して」の連続です。それは浮沈と彷徨いの日暮らしです。

本当の意味で「生きて往く」（即得往生）人生を歩んでいる人とはいえません。

ⓓの凡夫は正定聚（菩薩）の仲間として、「この身」を本当に「生きて往く」（即得往生）人生を歩むのです。

ⓓの凡夫にこそ、仏として「生まれて往く」（難思議往生）「いのち」が開ける人です。

皆さんも、一時も早く「凡夫の仲間」から出離して、正定聚として「生きて往く」人生を歩み始めてくださることを願います。

（二〇一五年）

あとがき

この十三年間（二〇〇三年〜二〇一五年）に迦羅羅カレンダーの『法話集』の「法話」と「まえがき」を「随想」としてまとめたものです。この間私事ですが、「心筋梗塞でカテーテル治療」、また「眼底出血」で両眼の手術を受けました。どちらも一ヶ月程度の入院でした。

そんな中でＮＨＫラジオ放送の「宗教の時間」（七回放送されました）・ＮＨＫＥテレの「こころの時代」に二回出さしていただく縁がありました。ありがたいことだと思っています。

私が一貫して求めつづけてきたのは「私とは何か」ということです。

私が、今一番危惧していることは、浄土真宗（本願寺派だけかも）のご法話が「自身の問題」が語られず、「法の偉大さのみ」が話されていることです。

本当の暗闇《くらやみ》を知らないものには、光りの本当のありがたさが実感できません。

自身の闇に少しでも気づいたとき、自分が気づく前から自身は光の中に居たのです。

光の中で生かされてきた「この身」のありがたさ、光の中で生きている「この身」の勿体なさ、これからも光の中で生かされつづけるしかない「この身」のかたじけなさを感佩せずにはおれません。

光の中にある身をよろこび、翻って「この身」を思うと慚愧しかありません。

このような拙文を読んでいただきましたみなさまに心よりお礼申し上げます。

いつもながら探究社の皆さまのお世話になりますこと重重感謝致します。

二〇一六年　遅咲きの桜の下で

合掌

藤田徹文

著者略歴

藤田徹文（ふじた　てつぶん）

1941年大阪市に生まれる。龍谷大学大学院（真宗学専攻）修了。

基幹運動本部事務室長。浄土真宗本願寺派伝道院部長・主任講師を経て、現在、備後教区光徳寺前住職。本願寺派布教使。著書に『人となれ仏となれ—四十八の願い—全七巻』『仏さまのお話—少年・少女のための仏教読本—』（永田文昌堂）、『わたしの信心』『念仏一つ』『生まれた時も死ぬ時も』『聞光力』『現世利益』『往生極楽』『声を出して正信偈』（探究社）、『やさしい正信偈講座』『シリーズ「生きる」全六巻』『はじめて仏教を聞く人のための十三章』（本願寺出版）、『正信偈の学び方』（教育新潮社）、『わたしの浄土真宗』（法藏館）、『信心定まるとき往生また定まる』（探究社）、『聞こえた』（探究社）ほか多数

「いのち」不思議

二〇一六年五月二十日　初版印刷

二〇一六年五月三十日　初版発行

著　者・藤田徹文

発行者・西村祐樹

発行所・株式会社　探究社

〒600—8268

京都市下京区七条通大宮東入大工町124-1

電話・〇七五・三四三・四一二一（代）

振替・〇一〇三〇—六—二一一八五

印刷・製本・トヨダ印刷企画

ISBN978-4-88483-976-5 C0015

迦羅羅法話集シリーズ

聞光力―いのちに遇う―　藤田徹文　一四〇〇円
浄土の風光―いのちの歳時記―　徳正唯生　一六〇〇円
ひとすじの道　小武正教　一六〇〇円
いのちのぬくもり　隨行未千　一四〇〇円
大地の音　藤井聡之　一六〇〇円
おかげさまの「いのち」　定光大燈　一四〇〇円
思いっきり―あたたかなまなざしの中で―　季平博昭　一六〇〇円

―以後続刊―

（税別）

探究社